별과 우주

초판 인쇄일 2024년 7월 14일 초판 발행일 2024년 7월 21일

지은이 이광식 발행인 김영숙 신고번호 제2022-000078호
발행처 ㈜북장단 주소 (10881) 경기도 파주시 회동길 445-4(문발동 638) 408호
전화 031)955-9221~5 팩스 031)955-9220
인스타그램 @ddbeatbooks 메일 ddbeatbooks@gmail.com

기획 김태호 진행 김태호, 이찬희 삽화 오이랑 디자인 유니나 영업마케팅 김준범, 서지영
ISBN 979-11-983182-9-9 정가 15,000원

Copyright©2024 by 이광식 All rights reserved.
No Part of this book may be reproduced or transmitted in any form,
by any means without the prior written permission of the publisher.

* 북장단은 도서출판 혜지원의 임프린트입니다. 북장단은 소중한 원고의 투고를 항상 기다리고 있습니다.

이 책은 저작권법에 의해 보호를 받는 저작물이므로 어떠한 형태의 무단 전재나 복제도 금합니다.
본문 중에 인용한 제품명은 각 개발사의 등록상표이며, 특허법과 저작권법 등에 의해 보호를 받고 있습니다.

1. 제조자	북장단	
2. 주소	경기도 파주시 회동길 445-4 408호	사용상 주의사항
3. 전화번호	031-955-9224	• 종이에 긁히거나 손이 베이지 않도록 주의하세요.
4. 제조년월	2024년 7월 14일	• 제품을 입에 넣거나 빨지 않도록 주의하세요.
5. 제조국	대한민국	• KC마크는 이 제품이 공통안전기준에 적합하였음을 의미합니다.
6. 사용연령	8세 이상	

시작하며

별과 우주를 알면
생각이 크고 깊어집니다

　초·중학생들과 여러 차례 천문학 교실과 천체 관측을 같이 하면서 느낀 점은 어린 학생들에게 우주를 보여주는 것만큼 정서적, 교육적으로 더 좋은 것은 없다는 깨달음입니다.

　천문학은 과학이면서 또한 철학이기도 하기 때문에, 어린 나이에 천문학을 접하면 그만큼 과학적인 사고 능력과 아울러 건강한 가치관과 세계관을 형성하는 데 큰 도움이 된답니다.

　세상을 살아가는 데는 여러 지식들이 필요하지만, 우주를 제대로 아는 것이 무엇보다 중요하다는 생각을 합니다. 자기가 몸 담고 살아가고 있는 이 큰 세계, 우주를 모르고서는 자신의 삶을 제대로 살아내기 어렵기 때문이에요. 우주는 알면 알수록 신비롭고 놀라운 동네랍니다. 이런 것도 모른 채 살다가 그냥 죽는다는 건 너무 억울한 일이죠.

우리가 살고 있는 동네, 이 우주를 우리 어린이 친구들이 가장 잘 이해할 수 있는 '맞춤한 우주 책'이 되도록, 재미있고 알찬 내용을 담기 위해 힘썼습니다.

여러분도 이 책을 통해 우주를 더 잘 알고 우주와 더욱 친해지기 바랍니다. 별과 우주를 알면 여러분의 마음과 생각이 보다 크고 깊어질 것입니다.

2024년 6월 강화도 퇴모산에서
저자 이광식

차례

시작하며 4
등장인물 12

1장 | 우주도 우리처럼 생일이 있다고요?

- 송아지는 소에서, 망아지는 말에서, 우주는 어디에서? 19
- 아름다운 불꽃놀이에서 시작된 우주 23
  └ 20세기 천문학의 최고 영웅, 에드윈 허블 31
- 신호는 빅뱅 우주를 의미했다! 32
  └ 빛이란 대체 무엇일까? 40

2장 | 빅뱅 직후에 나타난 '만물의 근원'

- 우주에 맨 처음 나타난 물질   47
- 신비로움으로 가득한 별의 탄생   53
- 밝기로 나눈 별들의 계급   57
- 우주에서 가장 큰 별은 얼마나 클까?   61
- 탄생이 있으면 죽음도 있다   64
  - 별자리는 하늘의 번지수   67
  - 어째서 녹색 별은 없는 걸까?   69

3장 | 우주의 주방장, 별의 일생

- 아침에 뜨는 별, 태양의 죽음은?   73
- 그 외의 별들의 죽음   78
- 초신성은 우주의 연금술사   81
  - 재미있고 신기한 북극성 이야기   87

4장 | 별들의 도시, 은하로 놀러가자~

- 푸른 하늘 은하수, 하얀 쪽배에~   94
- 신비로운 길, 은하수를 망원경으로 본 갈릴레오 갈릴레이   97
- 우리 지구가 속해 있는 은하, '우리은하'   101
- 은하들도 우리처럼 서로 모여 산다   107
- 개성만점 은하의 종류   110
  ┗ 37억 년 후 우리은하와 안드로메다은하가 충돌한다!   114

5장 | 무시무시한 우주 괴물 블랙홀

- 무엇이든 집어삼키는 우주 괴물, 블랙홀   119
- 압축하고 압축하면 블랙홀이 만들어진다   124
- 마침내 블랙홀 사진을 찍다!   127
- 상상 이상으로 괴짜인 우주   130
  ┗ 내가 만약 블랙홀 안으로 떨어진다면?   133
  ┗ 만일 블랙홀이 태양계에 들어온다면 어떤 일이 벌어질까?   135

6장 | 우리가 사는 동네 이름은 '태양계'

- 우리가 사는 신비로운 동네, 태양계　　　　　　　　　　139
- 한 글자 차이지만 너무나도 다른 항성과 행성의 차이　　143
- 난리 북새통이었던 원시 태양계　　　　　　　　　　　146
- 소행성과 혜성들의 고향　　　　　　　　　　　　　　149
- 지구와 일곱 개의 행성 친구들　　　　　　　　　　　　153
- 지구의 인류는 우주 속의 외로운 존재　　　　　　　　　157
  └ 행성반에서 낙제한 명왕성　　　　　　　　　　　　　160

7장 | 다정한 형제 지구와 달

- 수많은 충돌 끝에 탄생한 지구 … 166
- 지구가 생명의 행성인 이유, 물과 대기 … 170
- 지구가 기우뚱하다고? … 174
- 지구를 수박처럼 쪼개면 뭐가 나올까? … 179
  - 그 많던 공룡들은 왜 다 죽었을까? … 182
- 지구의 하나뿐인 변덕쟁이 동생, 달 … 184
- 달의 뒷면을 볼 수 없는 이유 … 188
- 대충돌이 달을 만들었다 … 192
- 달의 신체검사를 해 보자! … 195
- 달이 하는 중요한 일들 … 198
  - 일식과 월식은 왜 일어날까? … 202

8장 | 별이 쏟아지는 우주로 가요~

- 달아 달아 밝은 달아, 암스트롱 놀던 달아~   207
- 달에 우주 기지를 만드는 대규모 계획   213
- 화성이 우주선으로 붐비고 있다!   215
- 대한민국이 만든 자랑스러운 달 궤도선 '다누리',
  달을 향해 날아오르다!   218
  └ 화성에 지구인이 사는 도시를 만든다!   223

등장인물

별 할아버지

별을 좋아해 산속 집에 원두막 천문대를 지어 놓고 별을 관측하는 별지기 할아버지.

큰별

별 할아버지의 손자. 초등학교 5학년 소년. 별 보기를 좋아하고, 꿈은 달에 가는 우주선을 만드는 것.

샛별

별 할아버지의 손녀이자 큰별의 동생. 달에는 토끼가 있을 거라 믿고 있는 초등학교 3학년 소녀.

1장

우주도 우리처럼 생일이 있다고요?

할아버지~ 저희 왔어요!

어이쿠 우리 큰별이 샛별이 왔구나! 잠깐 기다리렴, 이 할아버지가 오늘 멋진 별하늘을 보여 주려고 망원경을 손보고 있었거든. 별 보기 딱 좋은 날씨구나.

오늘은 할아버지한테 재미있는 우주 이야기를 듣는 날! 오면서 샛별이랑 같이 예습도 했다고요. 물론 샛별이가 자꾸 이것저것 물어보느라 제대로 못했지만….

저한테는 우주가 너무 어려워요. 오면서 우주 영상을 봤는데, 앵커 아저씨가 할아버지 망원경보다 엄청 큰 망원경에 대해서 소개했거든요? 그런데 이름이 너무 어려워요.

너희들 혹시 ==제임스 웹 우주 망원경==에 대한 영상을 본 거니?

맞아요! 말만 듣고도 어떤 망원경을 본 건지 맞추시다니, 할아버지는 역시 별 박사시네요! 엄청 비싼 망원경이라고 했는데, 아주 멋있게 생겼었어요. 물론 할아버지 망원경이 최고지만요.

큰별이 말대로 제임스 웹 우주 망원경은 만드는 데도 아주 오래 걸린 최고의 망원경이란다. ==허블 우주 망원경==의 임무를 이어받은 망원경이지.

그렇게 큰 망원경으로 뭘 봐요? 우주에는 그렇게 볼 게 많아요?

그럼, 우주는 어마어마하게 크고 넓으니까 볼 게 엄청 많지. 제임스 웹 우주 망원경으로는 금방 태어난 아기 우주에서 제일 먼저 생긴 별과 은하*들을 찾아본단다.

우주가 태어났다고요?

---

* 은하: 별, 행성, 성간물질 등이 중력으로 묶여 있는 거대한 천체예요. 수많은 은하 중 하나인 우리은하 안에 우리가 사는 태양계가 있어요.

그렇고말고. 우리 귀염둥이들이 태어난 것처럼 우주에게도 생일이 있지.

 그럼 우주의 엄마, 아빠는 누구예요?

 샛별이도 공부를 해 왔더니 눈이 반짝이는구나. 자, 그럼 오늘은 별을 바라보면서 우주가 태어난 이야기를 해 볼까?

송아지는 소에서, 망아지는 말에서, 우주는 어디에서?

138억 년 전 우주가 탄생한 직후에 나타난 별과 은하를 관측하기 위해 우주로 떠난 미국항공우주국(NASA)의 제임스 웹 우주 망원경(사진: NASA).

🧓 요즘도 학교에서 이런 동요 배우나? 할아버지는 어릴 때 배웠는데 말이야.

송아지~ 송아지~ 얼룩 송아지~
엄마소도 얼룩소~ 엄마 닮았네~

👦 학교에서 배우진 않았지만 아빠가 동요를 알려 줄 때 들어 본 것 같아요. 제목이 '얼룩 송아지'였던 거 같은데. 근데 송아지랑 우주랑 무슨 관계가 있나요?

🧓 예를 들어 말하는 거란다. 송아지는 엄마 소에게서 태어나고, 망아지는 엄마 말에서 태어나지. 너희들은 어때?

👧 그야 엄마 아빠한테서 태어났죠. 얼마 전 생일 때 낳아 주셔서 감사하다는 편지도 써서 드렸어요!

🧓 잘했구나! 그래, 사람들은 누구나 엄마 아빠로부터 세상에 나오지. 식물도 마찬가지란다. 사과는 사과나무에서, 배는 배나무에서 열리잖아.

이처럼 세상에 있는 모든 것들은 다 시작이 있단다. 그렇다면 이렇게 생각해 볼 수도 있겠네. 세상의 모든 것에 시작이 있다면, 이 세상은 어떻게 시작되었을까? ==우리가 살고 있는 이 우주==

는 어떻게 생겨났을까?

책에서 읽었는데, 원래 하나였던 하늘과 땅이 갑자기 나뉘면서 세상이 만들어졌대요. 천지개벽이라 한대요.

그런 얘기도 있지만 그건 과학이라기보다는 신화란다. 우리는 확실하게 밝혀진 과학적 사실로 이 우주가 어떻게 시작되었는지를 알아보자꾸나. 먼저 우주란 대체 무엇인지 뜻풀이부터 해 보기로 할까? <mark>우주란 '우리를 둘러싸고 있는 모든 것들을 다 통틀어 일컫는 말'이란다.</mark>

주위의 모든 것이요? 그럼 엄마 아빠도 우주인가요?

나를 포함하여 엄마, 아빠, 학교, 한반도, 지구도 다 포함하고, 나아가 태양계, 은하들 그리고 시간과 공간까지 다 아울러서 우주라고 한단다. 그러니까 우주란 이 모든 것들을 다 담고 있는 어마어마하게 큰 그릇 같은 거지.

할아버지, 그럼 우리 눈에 보이는 모든 게 다 우주네요.

그렇지. 우리 눈에 안 보이는 것이 그보다 훨씬 많지만 말이야. 우리가 아무리 빠른 로켓을 달고 수억 년을 달리더라도 우주의 아주 작은 부분밖엔 볼 수가 없단다. 그런데 이 엄청난 우주는 대체 어떻게 생겨나게 된 걸까?

이렇게나 큰 우주를 정말 누가 만들었을까요? 원래부터

있었을 거 같아요.

샛별이 말처럼 생각할 수도 있지. 옛날에는 철학자, 과학자들도 대개 그렇게 생각했단다. 옛날 그리스의 아리스토텔레스라는 철학자도 우주는 시작도 없었고, 앞으로도 영원히 존재할 거라고 주장했지. 그런데!

 그런데?!

사실은 그런 게 아니었어. 우주도 우리처럼 생일이 있었던 거지! 과학자들이 그런 놀라운 사실을 알아낸 게 100년도 채 되지 않았어. 20세기에 들어서 과학이 발달하며 비로소 알게 된 거란다.

이렇게나 큰 우주가 태어난 거라면, 우주도 생일 촛불을 불어야겠네요!

아름다운 불꽃놀이에서 시작된 우주

그럼 지금부터 옛날 얘기보다 더 재미있는 우주 탄생 얘기 보따리를 풀어 보도록 하자꾸나. 그 전에 질문 하나. 과학자들이 우주가 탄생했다는 걸 알아냈으니 우주의 나이도 알아내지 않았을까? 우주의 나이, 과연 얼마나 될까?

학교에서 공룡이 수억 년 전부터 살았다고 배웠어요. 그럼 우주는 그보다도 엄청 오래 됐겠네요?

음, 백억 년은 되지 않을까요?

큰별이가 비슷하게 맞추었구나. 우주 나이는 138억 년이나 됐단다.

제 나이가 12살인데, 그럼 저의 몇 배나 산 거죠? 으아 머리가 어지러워요.

거의 12억 배나 차이가 나는구나. 지금으로부터 138억 년 전, 우주는 조그만 점인 '원시 원자' 하나가 대폭발을 일으켜서 탄생했단다. 원시 원자라 불리는 아주아주 작은 점이 갑자기 폭발하여 거기서 우주가 탄생했어. 말하자면 우주의 맨 처음은 작은 한 점이 폭발해 아름다운 불꽃놀이처럼 시작되었다는 거야. 이걸 과학자들이 알아낸 거란다.

 우주가 불꽃놀이처럼 시작됐다고요?

그렇단다. 이렇게 탄생한 우주에는 물질과 함께 시간, 공간이 다 들어 있었어. 또, 그 아기 우주는 태어나자마자 무서운 속도로 풍선처럼 팽창했는데, 그래서 지금처럼 거대한 우주가 되었단다. 지금도 우주는 계속 팽창하는 중이지. 우리는 이것을 대폭발 이론 또는 '빅뱅 이론'이라 한단다. 빅뱅(Big Bang)

이란 우리말로 하면 '큰 꽝'이란 뜻이야.

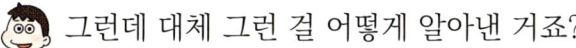 그런데 대체 그런 걸 어떻게 알아낸 거죠?

 한마디로 과학의 힘으로 알아낸 거지. 이 빅뱅 이론을 제일 처음 주장한 천문학자는 좀 특이한 분이었단다. 바로 조르주 르메트르라는 젊은 신부님이야. 과학자가 아니라 신부님이 처음 발견했다니 신기하지? 르메트르는 벨기에의 천문학자인데, 약 100년 전인 1927년에 이 빅뱅 이론을 담은 논문을 발표했단다. 빅뱅 이론이 무슨 이론이라고 했지?

우주가 작은 원시 원자가 폭발해서 탄생했고, 지금

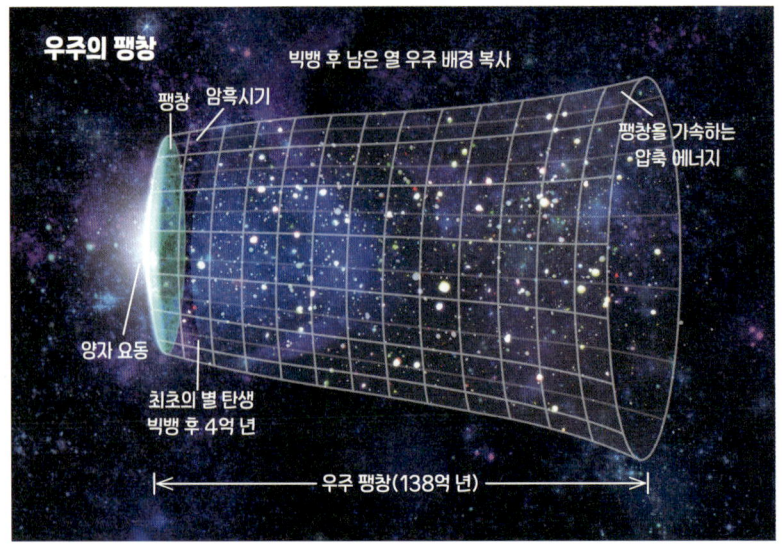

우주의 탄생과 팽창을 표현한 그림. 138억 년 전에 아주 뜨겁고 작은 '우주의 알'이 폭발하여 우주가 만들어진 이후, 계속 팽창하고 있다.

제임스 웹 우주 망원경이 찍은 아기 우주의 모습. 우주의 나이가 10억 년일 때의 은하들도 포함되어 있다(사진: NASA).

도 계속 팽창하고 있다는 이론이요!

🧓 아주 잘 기억하고 있구나! 하지만 불행하게도 르메트르의 빅뱅 우주론은 큰 관심을 끌지 못한 채 거의 잊혀 갔단다. 그런데 2년 후인 1929년, 놀라운 반전이 일어났지. 바로 에드윈 허블이라는 미국의 젊은 천문학자가 우주가 정말 풍선처럼 팽창하고 있다는 증거를 찾아내 버렸지 뭐야.

🧒 허블이라고요? 앗, 아까 할아버지가 말한 허블 망원경의 그 허블이요?

지구 궤도를 도는 허블 우주 망원경. 우주가 팽창하고 있다는 사실을 발견한 에드윈 허블을 기리는 뜻에서 최초의 우주 망원경에 허블이라는 이름을 붙였다(사진: NASA).

🧑 큰별이가 기억력이 좋구나. 허블은 망원경에 이름이 붙을 정도로 대단한 발견을 한 천문학자지. 허블이 빅뱅 이론의 증거를 발견했다고 했지? 1929년 어느 날, 허블이 미국의 윌슨산 천문대에서 당시 세계에서 가장 큰 망원경으로 우주를 관측했어. 그랬더니 ==사방의 은하들이 우리로부터 멀어져 가고 있다는 사실을 발견한 거야!==

멀리 떨어져 있는 은하일수록 더 빨리 달아나고 있었지. 이건 우주가 정말 풍선처럼 팽창하고 있다는 뜻이란다. 우주는 지금 이 순간에도 빛의 속도로 팽창하고 있는 중이야.

🧒 우주가 풍선처럼 커지고 있다고요? 그럼 시간이 갈수록 한없이 커지는 건가요?

🧑 한없이 커질지 어떨지는 모르지. 하지만 ==우주는 이 순간에도 빛의 속도로 팽창하고 있다==는 것만은 확실하단다. 수많은 은하들은 서로 멀어져 가고 말이야. 우리 이렇게 한번 생각해 볼까? 팽창하고 있는 우주를 찍은 필름을 거꾸로 돌리면 어떤 게 보일까? 되감기하듯이 말야.

🧒 되감기하면 과거로 거슬러 올라가는 거니까… 우주가 점점 작아지겠죠?

🧑 그렇지. 점점 작아지다가 결국 한 점으로 축소되겠지? 그

점이 바로 르메트르가 말한 원시 원자란다. 르메트르는 그 원시 원자가 대폭발을 일으킨 날이 바로 '==어제가 없는 오늘=='이라고 말했지.

🧒 어마어마한 발견을 한 허블은 사람들의 관심을 단번에 받았겠네요? 마치 제가 좋아하는 아이돌처럼요!

👵 그럼 그럼. 과학의 역사가 약 7천 년쯤 되는데, 우주 팽창을 알아낸 것이 가장 위대한 발견으로 꼽히거든. 이 발견 하나로 허블은 20세기 천문학의 최고 영웅 자리에 올랐어. 천문학자들 사이에서는 정말 아이돌 못지않은 존재였지.

🧒 위대한 천문학자가 된 거네요.

👵 허블과 같이 위대한 천문학자가 된 사람이 또 있지. 바로 빅뱅 이론을 발표한 르메트르야. 이 발견 덕분으로 빅뱅 이론은 화려하게 부활했거든. 르메트르는 이후 윌슨산 천문대에서 특별 강의를 했단다. 아인슈타인 등 세계의 내로라하는 과학자들 앞에서 자신의 빅뱅 우주론을 설명했는데, 강의 끝을 다음과 같은 시적인 표현으로 마무리했지.

"모든 것의 최초에 상상할 수 없을 만큼 아름다운 불꽃놀이가 있었습니다. 그런 후에 폭발이 있었고, 그 후엔 하늘이

연기로 가득 찼습니다. 우리는 우주가 창조된 탄생의 장관을 보기엔 너무 늦게 도착했습니다."

조르주 르메트르

에드윈 허블

한 걸음 더 나아가기

20세기 천문학의 최고 영웅, 에드윈 허블

천문학 역사상 가장 위대한 발견을 한 과학자는 우주가 팽창하고 있다는 것을 발견한 미국의 천문학자 에드윈 허블(1889~1953)이에요.

허블이 이룩한 업적으로는 크게 두 가지를 말할 수 있어요. 1924년 허블은 안드로메다 성운이 우리은하에 속하지 않는다는 관측 결과를 발표했어요. 이는 우리은하가 곧 전 우주라는 주장과, 우리은하는 우주의 일부일 뿐이라는 주장을 놓고 천문학자들이 벌인 우주 크기 대토론을 끝낸 위대한 발견이었답니다.

또 다른 발견은 우주가 팽창하고 있다는 것이었어요. 허블은 1929년 은하를 관측하여 은하들이 멀어져 가는 속도가 은하 간 거리에 비례한다는 허블의 법칙을 발표했어요. 이는 우주가 팽창한다는 사실을 뒷받침하여 이후 빅뱅 이론의 기초가 된 것으로, 7천 년 인류 과학사에서 가장 위대한 발견으로 꼽힌답니다.

그는 이 발견으로 인해 20세기 천문학의 최고 영웅에 올랐어요. 허블 우주 망원경은 그의 이름을 따서 붙인 이름이지요.

신호는 빅뱅 우주를 의미했다!

 근데 과학자들은 다 빅뱅 이론을 믿게 된 건가요?

모든 과학자들이 그랬으면 좋으련만 파격적인 이론이었기 때문에 다 믿었던 건 아니란다. 빅뱅 이론이 나오기 전에는 대체로 우주는 영원 이전부터 존재했고 앞으로도 영원히 계속될 거라는 이론을 믿고 있었어. 아까 샛별이가 ==우주는 원래부터 있었던 게 아닐까라고 했듯이 말야. 이런 주장을 일컬어 '정상 우주론*'이라고 한단다.==

그런데 느닷없이 빅뱅 이론이 나타나니 어떻게 되었을까? 두 우주론을 각각 지지하는 과학자들은 편이 갈리어 뜨거운 논쟁이 붙었어. 서로 자기네 이론이 옳다고 목소리를 높인 거지.

저도 오빠랑 싸울 때는 떵떵거려요! 목소리가 커야 안 진다고 들었거든요!

허허 제대로 기선을 제압하는 방법을 알고 있구나! 과학

---

* 우주론: 우주의 탄생과 진화, 종말에 관한 이론을 가리키는 말이에요.

자들도 마찬가지였어. 하지만 어느 쪽도 결정적인 증거가 없어 30년 넘게 다투기만 했단다. 관측 증거만으로는 빅뱅 이론을 완전히 증명할 수가 없었지. 그런데 30여 년 뒤인 1965년에 느닷없이 빅뱅의 증거가 나타났지 뭐야.

138억 년이나 전에 일어난 건데 증거가 남아 있어요?

 그렇단다. 바로 ==빅뱅 때 나타나 138억 년 동안 우주를 떠돌아다닌 전자기파를 발견한 거야.== 전자기파라고 하면 어려운 말 같지만 우리 일상생활에서 많이 볼 수 있지. 빛도 일종의 전자기파고, 핸드폰을 작동시키고 음식을 데우는 전자레인지에 사용되는 것이 다 전자기파란다.

TV, 라디오 같은 것도 전자기파를 이용한 거라고 배웠어요. 엄마가 휴대폰을 많이 쓰면 전자기파에 노출되니 너무 많이 사용하면 안 된다고 말했었거든요.

우주가 생겨난 그 태초의 시간에도 빅뱅에서 엄청나게 뜨거운 전자기파가 쏟아져 나온 거야. 그것이 138억 년 동안 우주를 떠돌면서 차갑게 식어 마이크로파**가 되었는데, 이것이 온 우주로부터 지구로 쏟아져 들어오는 것을 발견한 거지.

** 마이크로파: 파장이 라디오파보다 짧고 적외선보다 긴 전자기파의 한 종류예요. 마이크로파는 레이더, 휴대전화, 와이파이(Wi-Fi), 전자레인지 등에 다양하게 사용되고 있어요.

'태초의 빛'이라 할 수 있는 이 빅뱅의 전자기파를 우주 배경 복사라고 하는데, 빅뱅의 가장 확실한 증거라 하여 '빅뱅의 화석'이라 불린단다.

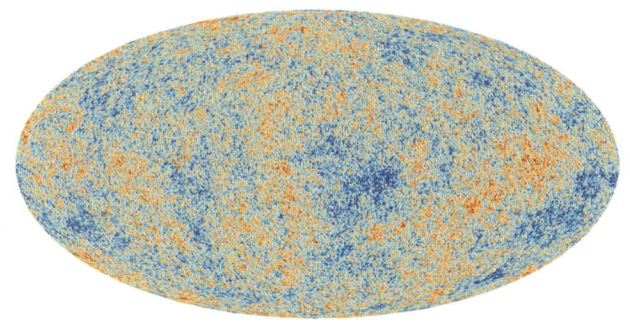

플랑크 우주선이 수집한 우주 배경 복사. 우주를 가득 채우고 있는 이 우주 배경 복사는 빅뱅 때 나온 열기가 식은 흔적이다(사진: ESA).

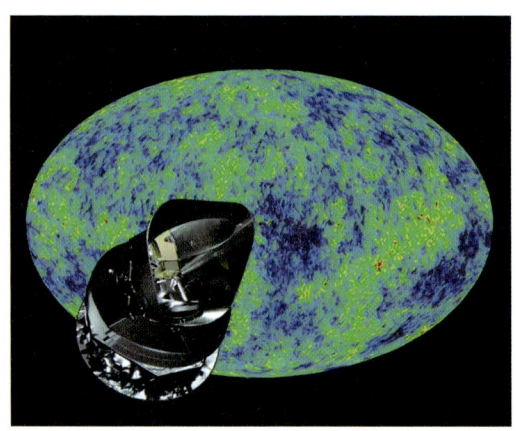

정밀한 우주 배경 복사 관측으로 우주의 나이가 138억 년이란 걸 알려 준 인공위성 플랑크(사진: ESA).

🙂 공룡 화석을 보고 공룡이 살았다는 걸 알 수 있잖아요. 우주 배경 복사를 발견해서 빅뱅이 있었다는 사실을 알았으니 화석이라고 부르는 거네요?

👴 그렇지. 이 빅뱅 화석을 발견한 사람은 펜지어스와 윌슨이라는 미국의 물리학자 두 명이야.

이 발견에는 아주 재미있는 뒷이야기가 있단다. 어느 날, 무선 통신기기에서 잡음이 아주 심하게 나서 커다란 안테나에 올라가 보았더니, 비둘기들이 둥지를 틀어놓고 있었지 뭐야. 게다가 주변에는 비둘기 똥이 하얗게 덮여져 있고 말이야.

🙂 으…비둘기도 싫고 똥도 싫은데…. 깜짝 놀랐겠어요.

👴 그랬을 거야. 하지만 연구를 위해서는 치워야겠지? 두 박사님은 둥지도 걷어내고 비둘기 똥도 말끔히 닦아 냈단다. 하지만 그런데도 잡음은 조금도 없어지지 않는 거야.

나중에 알고 보니 그게 바로 빅뱅에서 나온 전자기파였던 거지! 그 전자기파가 138억 년 동안 우주를 떠돌면서 식어서 파장이 긴 마이크로파가 됐는데, 이게 온 하늘을 통해 쉴 새 없이 지구로 쏟아져 들어오고 있는 걸 발견한 거란다. 이게 바로 우주 배경 복사라는 거야.

🙂 할아버지, 그거 엄청난 발견인 거 맞죠?

그렇고말고. 미국에서 가장 유명한 신문인 〈뉴욕타임즈〉에서 1965년 5월 21일자 머리기사로 이 발견을 보도했을 정도란다. "신호는 빅뱅 우주를 의미했다!"라는 큼지막한 제목으로 말이야.

이걸 발견한 펜지어스와 윌슨은 그에 관해 짤막한 논문 한 편을 썼을 뿐인데도 <mark>1978년 노벨 물리학상</mark>을 받았단다. 그래서 심통 난 다른 과학자들은 두 사람이 비둘기 똥을 치우다가 금덩이를 주웠다고 놀려 대기도 했지.

무지 샘이 났나 보네요. 축하해 줘야죠!

🧒 그러게 말이에요. 저라면 놀릴 시간에 다른 보물을 찾으러 돌아다닐래요.

👴 아마 농담 삼아 그랬을 거야. 어쨌든 빅뱅의 확실한 증거가 나타났고, 이걸로 노벨 물리학상까지 받았으니, 빅뱅 우주론과 정상 우주론의 승부는 누구의 승리로 끝났을까?

 빅뱅 우주론이요!!

👴 옳지. 빅뱅 우주론 쪽의 완전한 승리로 끝났지. 지금도 우리는 우주 배경 복사를 직접 볼 수 있어. 옛날 아날로그 TV를 켜면 화면 조정 시간에 콰아아아 하는 소리와 함께 지글거리는 무늬가 나오곤 했는데, 그중 1%는 우주 배경 복사란다. 할아버지 방의 아날로그 TV에서 가끔 봤지?

138억 년이란 길고 긴 세월 저편에서 달려온 빅뱅의 찌꺼기인 빛알(광자)이 우리 눈을 때리는 거라고 생각해도 된단다.

🧒 옛날에 할아버지 TV로 봤었어요. 그럼 제가 빅뱅 화석을 본 거네요?

👦 저도 본 적 있어요. 재미가 없어서 채널을 빨리 돌려 버렸지만.

🧒 할아버지, 그러면요, 빅뱅 이전에는 뭐가 있었어요?

👴 음, 그런 질문도 가능하지. 그런데 말이다, ==빅뱅으로부터 시간과 공간, 물질이 다 출발했기 때문에 그 이전이란 말은 의미가 없는 거란다.== 시간도 그때부터 시작된 거거든. 우리가 북쪽으로 자꾸 가면 결국 북극점에 이르는데, 거기는 북쪽이란 것이 없는 지점이지. 그거랑 똑같다고 생각하면 돼.

🧒 빅뱅이 시작이니까, 시작 이전에는 아무것도 없었다는 의미죠?

👵 큰별이가 제대로 이해했구나! 자, 일단 여기까지 얘기하고. 할아버지의 원두막에 올라가서 막 태어난 아기 우주가 자라면서 벌어지는 일들을 알아보자꾸나.

핵심 콕콕 밑줄 쫙!

⭐ 우주는 138억 년 전 조그만 원시 원자가 대폭발을 일으켜 탄생했으며, 지금도 팽창하고 있다.

⭐ 1927년 벨기에의 천문학자 조르주 르메트르 신부가 빅뱅 이론을 맨 먼저 발표했다.

⭐ 1929년 미국의 천문학자 에드윈 허블이 우주가 팽창하고 있는 관측 사실을 발견했다.

⭐ 허블 우주 망원경은 우주 팽창을 처음 발견한 에드윈 허블의 이름에서 따왔다.

⭐ 빅뱅의 증거는 지금도 우주에 남아 있는 우주 배경 복사인 마이크로파다.

138억 년 전, 빅뱅으로 태어난 우주!

빛이란 대체 무엇일까?

우리는 빛이 있어 사물을 보고, 태양으로부터 에너지를 얻기도 하죠. 그런데 이 빛의 정체에 대해 정확히 안 것도 사실 얼마 되지 않아요. 역사가 시작된 이래, 빛이라는 현상은 끊임없이 사람들에게 호기심을 자아내게 한 수수께끼 같은 존재였어요.

빛에 대해 처음으로 체계적인 연구를 한 과학자는 뉴턴이었어요. 그는 햇빛을 프리즘으로 통과시키는 실험을 통해, 빛이 여러 가지 색으로 이루어졌다는 것을 알아냈답니다. 그리고 '빛은 발광체에서 생겨나 사방으로 퍼져 나가는 엄청나게 많은, 아주 작은 입자로 구성된다'는 빛의 입자설을 주장했어요.

빛의 정체를 확실하게 밝혀낸 사람은 영국의 물리학자 제임스 맥스웰(1831~1879)이에요. 빛이란 게 알고 보니 놀랍게도 전자기파의 일종이었던 거죠! 전자레인지를 돌리고, 여러분의 휴대폰을 울리는 게 바로 이 전자기파예요. 전자기파란 주기적으로 세기가 변화하는 전자기 마당이 공간 속으로 전파해 나가는 현상으로, 전자파라고도 해요. 많이 쬐면 암도 걸릴 수 있는 등 건강에 해로울 수 있기 때문에 부모님이 휴대전화를 지나치게 많이 보지 말라고 하는 거죠.

　전자기파는 파장이 아주 짧은 것부터 엄청 긴 것까지 넓게 분포해 있는데, 우리가 빛이라 부르는 가시광선은 그중 한 좁은 영역의 파장을 가진 전자기파예요. 적외선, 자외선, X선, 감마선 등, 이 모든 전자기파는 파장과 진동수만 다를 뿐, 한 형제인 '빛'인 것이랍니다.

　사람이 눈으로 볼 수 있는 유일한 전자기파인 '가시광선'은 비교적 긴 파장의 빛인데, 초당 약 500조 번 진동하는 이 전자기파가 우리 눈에 들어오면 시신경을 자극해 우리 뇌에 '빛' 신호를 전달하고, 우리는 사물을 볼 수 있게 돼요.

2장

빅뱅 직후에 나타난 '만물의 근원'

이 원두막 천문대에 올라오면 기분이 상쾌해져요!

 오늘은 별이 참 잘 보여요!

 눈에 보이는 게 다가 아니야. 너희들, 별의 개수가 몇 개나 될 거 같니?

 백 개, 천 개, 만 개? 만 개도 엄청 큰 수잖아요.

 허허, 만 개는 애교 수준이지. 별은 지구에 있는 모래알의 개수보다도 많이 있단다. 실제로 할아버지가 수업을 나가면 초등학생들이 가장 많이 궁금해하는 질문 2위가 "우주의 별이 많은가요, 지구의 모래가 많은가요?"란다. 1위는 바로 "우주 정거장에서 생활하는 우주인은 대소변을 어떻게 보나요?"지. 궁금하지 않니?

 저도 궁금했어요! 빨리 답을 알려 주세요!

1위 질문의 답은, '우주 정거장은 무중력 상태이기 때문에 특수하게 제작된 화장실에서 튜브를 사용해 용변을 본다'는 거야. 2위 질문의 답은 '우주의 별 수가 지구상의 모래알 수보다 10배쯤 많다'는 것이지.

태양도 그런 별 중 하나인데, 우주에는 태양 같은 별이 그렇게나 많단다.

🙂 별이 그렇게나 많아요? 밤하늘에 보이는 별은 얼마 되지 않는데요?

👵 밤하늘에 보이는 별은 우주의 별 중 극히 일부분일 뿐이란다. 이렇게나 많은 별들은 대체 무엇으로 만들어진 거고, 또 어떻게 만들어진 걸까? 이걸 알려면 우리는 다시 이전에 얘기한 빅뱅 우주 공간으로 돌아가 봐야 한단다.

우주의 별은 지구의 모래알보다 많다.

밤하늘에 보이는 별은 우주의 별 중 극히 일부분일 뿐이란다.

우주에 맨 처음 나타난 물질

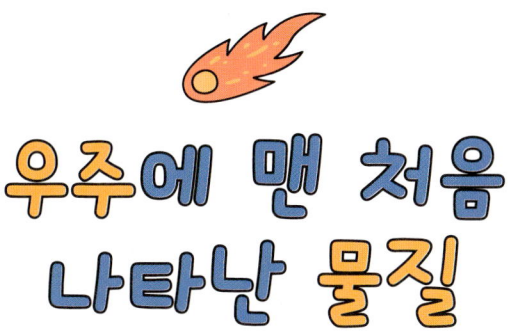

🧓 자, 그 전에 아주 재미있는 이야기 하나부터 해 보자꾸나. 옛날 그리스의 철학자들은 하나같이 어떤 문제를 풀려고 머리를 싸매고 끙끙 애쓴 게 있었단다. 세상을 가득 채우고 있는 이 모든 것들, 즉 만물은 다 어디서 왔나 하는 문제였지. 마침내 한 철학자가 그에 대한 대답을 내놓았어. 탈레스라는 분인데, 천문학자이기도 하지.

👦 책에서 읽었어요. 별을 보며 가다가 우물에 빠졌다는 사람! 지나가던 할머니가 꺼내 주면서, 발밑에 뭐가 있는지도 모르면서 하늘의 별을 본다고 꾸중했어요.

🧓 맞아, 그분이 내놓은 답은 "만물의 근원은 물이다!"라는 거였지. 만물의 근원에 대해 최초로 어떤 답을 내놓았다는 것이 아주 뜻깊은 거지. 하지만 이것이 정답은 아니었어. 이 문제는 몇 천 년이 흐르도록 답을 못 찾고 있다가 마침내 답을 찾아냈는데, 그게 백 년도 안 된 아주 최근의 일이란다. 빅

뱅을 연구하면서 과학자들이 만물의 근원이 뭔지 드디어 정답을 찾아낸 거야.

 두근두근, 뭔가 엄청난 게 있었어요?

 빅뱅으로 탄생한 우주에 맨 먼저 나타난 물질이 있어. 대폭발 후에 우주공간을 가득 채운 '연기'야. 그 연기는 바로 수소 원자로 이루어진 원자 구름이었단다. 세상의 모든 것은 100여 종의 원소*로 이루어져 있어. 우리가 마시는 공기도 그렇고 우리 몸도 마찬가지야. 눈에 보이는 모든 게 다 원자로 이루어진 것들이지.

 할아버지, 그럼 그 원자를 눈으로 볼 수 있어요?

 맨눈으로는 볼 수가 없지. 얼마나 작냐면, 옆 나라 중국의 인구가 약 14억 명인데, 원자를 그만한 수만큼 늘어놓으면 우리 손가락 하나 길이쯤밖에 안 된단다.

세상 모든 것이 이런 원자로 이루어진 것을 맨 처음 알아낸 사람은 놀랍게도 데모크리토스라는, 2500년 전의 그리스 철학자란다.

 눈에도 안 보이는 걸 어떻게 알아 낸 거예요?

---

* 원소: 모든 물질을 구성하는 기본적인 요소예요. 원소를 구성하는 입자를 '원자'라고 해요. 순수한 원소는 같은 종류의 원자로 이뤄져 있어요.

🧑 여기엔 아주 흥미로운 얘기가 전하지. 갓 구운 빵을 보고 그런 놀라운 생각을 해냈단다. 데모크리토스가 며칠 동안 단식을 했는데, 단식이 끝나던 날 친구가 갓 구운 빵을 접시에 받쳐 들고 방안으로 들어왔어.

데모크리토스는 돌아보지도 않은 채 그것이 빵이란 걸 단박에 알아챘지. 구수한 냄새가 코를 자극했으니까. 그 순간 그는 이렇게 생각했어.

"아, 이것은 빵의 아주 작은 입자가 바람을 타고 내 코 안으로 들어왔기 때문이다. 빵은 이런 아주 작은 입자들로 이루어진 게 틀림없다."

🧑 철학자들은 정말 놀라운 사람들이네요. 전 배고파서 빵을 바로 먹는 데만 집중할 거 같아요.

👴 할아버지도 그럴 거 같구나. 그래서 데모크리토스는 이렇게 선언했어. "모든 물질은 더 이상 쪼개질 수 없는 아주 작은 '원자'로 이루어진 게 틀림없다. 물웅덩이가 서서히 마르는 것도 물의 원자가 공기를 통해 증발하기 때문이다"라고 말이지. 이게 바로 인류가 원자를 알게 된 시초란다. 그리고 2500년 후 과학자들은 그중 수소 원자가 빅뱅 직후의 우주에 나타났다는 걸 알아낸 거야. 원자번호 1번, 원자 기호 H-. 이 수소가 바로 옛날 철학자들이 그렇게 알고 싶어 했던 만물의 근원이란다.

다른 원소들은 이 수소가 다 만들어 낸 거지. 우주에 있는 모든 게 이 수소에서 시작된 거란다. 우리 몸도 말야. 어때, 놀랍지 않아?

우리가 눈에 보이지 않는 수소에서 시작되었다니….

그렇단다. 모든 수소는 바로 빅뱅 직후의 우주 공간에 나타났어. 수소는 수소 원자 두 개가 결합해서 수소 분자(H_2)로 존재하는데, 맨 처음 나타난 어마어마하게 큰 수소 분자 구름들이 우주를 꽉 채웠지. 지름이 무려 수십, 수백 광년*이나 되는 구름 덩어리들도 있었단다.

이 수소 구름이 나타나 맨 먼저 한 일이 무엇인지 아니? 너희들 중력이란 거 알지? 물체들이 서로를 끌어당기는 힘 말이야.

네, 사과가 땅으로 떨어지는 게 중력 때문이잖아요. 뉴턴의 사과!

그래, 물질들이 많이 모여 있으면 서로를 끌어당기는 중력이 생기는데, 이 수소 구름들도 중력으로 인해 서서히 회전하기 시작했어. 회전 속도가 점점 빨라지면서 분자 구름은 거대한 회전 원반으로 변해 갔단다. 피자 반죽을 빨리 돌리면 점점 납작해지는 거나 마찬가지지.

---

* 광년: 1광년은 1초에 30만km를 달리는 빛이 1년 동안 가는 거리예요.

구름 원반은 회전할수록 작고 단단하게 뭉쳐지면서 그 중심에 수소 분자의 밀도가 높아져. 이윽고 구름 중심에는 거대한 수소 공이 생겨나게 되지. 그리고 주변의 수소 분자들은 중력의 힘에 의해 마구마구 중심으로 떨어진단다.

 작아질수록 단단하게 서로가 뭉쳐서 공이 되었구나.

 그 다음엔 어떤 일들이 벌어졌을까? 가스 공이 더욱 단단하게 뭉쳐짐에 따라 밀도가 높아진 기체 분자들이 요란하게 충돌해서, 내부 온도가 무섭게 올라갔단다. 가스 공 내부에 아주 높은 온도와 압력이 만들어진 거지.

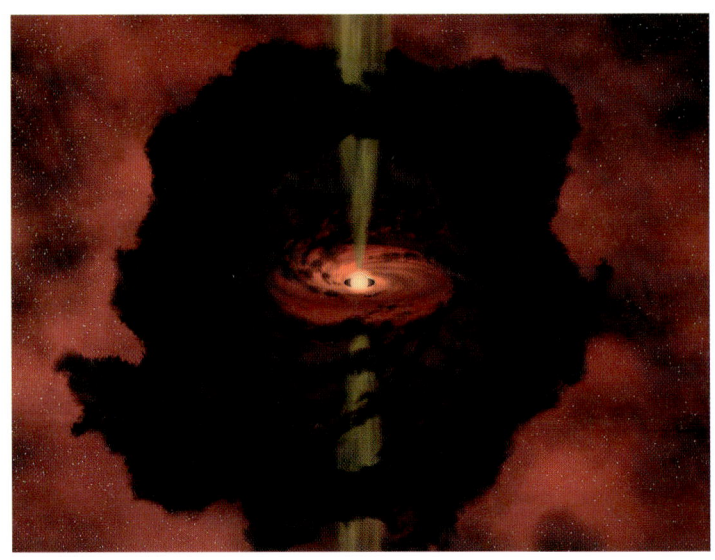 그럼 나중에 쾅 터지겠네요?

밀도가 높은 성운 속에서 아기별이 태어나는 상상도(사진: NASA).

신비로움으로 가득한 별의 탄생

그렇진 않아. 대신 가스 공 중심의 온도가 1000만 도에 이르면 마침내 어떤 사건이 벌어지지. 수소 원자 4개가 합쳐져서 헬륨 원자 하나를 만드는 일이 벌어지는데, 이것을 '수소 핵융합 반응'이라 한단다. 그러면 핵에너지가 생산돼.

이 핵에너지는 엄청 센 건데, 중심에서 가스 공 표면으로 밀고 올라와 빛알(광자)을 만들어 우주 공간으로 내쏜단다. 그러면 수소 공에 반짝 불이 켜지는 것과 동시에 광자가 드넓은 우주 공간으로 날아가. 이렇게 되면 그 공이 비로소 반짝이는데, 이게 우리가 바라보고 있는 별의 모습이란다. 저 멀리 있는 별들 모두 이런 과정으로 탄생한 거지. 태양도 별이기 때문에 마찬가지로 이렇게 빛나는 거란다.

반짝반짝 작은 별이 빛나는 데는 다 그만한 이유가 있었네요!

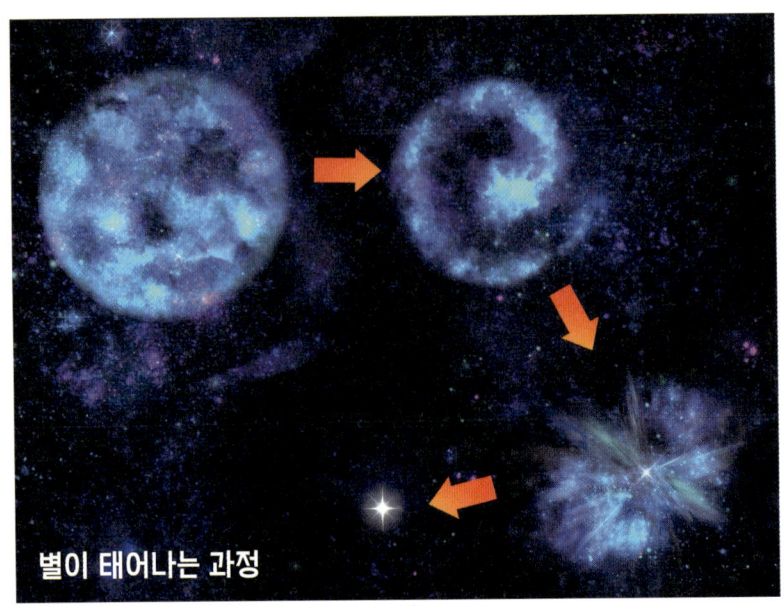

별이 태어나는 과정

🧓 지금도 우리은하의 수소 구름 속에서는 끊임없이 아기별들이 태어나고 있단다. 말하자면 수소 구름은 아기별들의 산란실인 셈이지. 이런 수소 구름을 '성운'이라고 부른단다. 그리고 하나의 성운 안에서 비슷한 시간에 태어나 비슷한 성질을 갖는 형제 별들을 우리는 '성단'이라고 부르는 거고. 별들은 대체로 무리를 지어서 같이 탄생하거든.

👧 그럼 우리 태양도 형제가 있나요?

🧓 흠, 태양도 분명히 무리지어 태어난 별들 중 하나라고 보는데, 지금은 외롭게도 혼자란다. 우리은하를 도는 사이에 형

독수리 성운에 있는 창조의 기둥. 지금도 별들이 태어나고 있어 이런 이름이 붙었다(사진: NASA).

제 별들이 뿔뿔이 흩어져 버렸는가 봐.

여기서 할아버지가 깜짝 퀴즈 하나 내 볼까? 별이나 지구, 달 같은 천체들은 왜 하나같이 공처럼 둥글까?

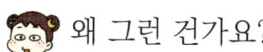 왜 그런 건가요?

중력 때문에 아닌가요? 아까 수소 구름도 공처럼 되었다고 했으니까요.

정답! 중력은 항상 물체의 중심에서 작용하기 때문에 잡

<mark>아당겨 제 몸뚱이를 둥글게 만들어.</mark> 별은 엄청 무거울 뿐 아니라 기체로 된 천체이기 때문에 하나같이 다 공처럼 둥글지. 반면 덩치가 작은 소행성은 중력이 약해 공처럼 뭉치지 못하고 감자 같은 꼴을 한 것도 많단다. 지구 같은 암석 행성도 덩치가 크면 중력이 커서 공처럼 둥글게 된단다!

밝기로 나눈 별들의 계급

자, 이렇게 탄생한 별들에는 계급이 존재한단다. 마치 군인처럼 말이지. 바로 밝기에 따른 계급이란다.

그럼 밝고 어두움에 따라서 계급이 높고 낮아지는 거예요?

그렇지. 그새 별들이 많이 나왔네. 저기 밝은 별 하나 보이지? 북두칠성의 꼬리가 그리는 곡선을 쭉 따라가면 밝은 오렌지 색깔의 별과 만나. 그것이 봄의 밤하늘에서 가장 유명한 별이란다. 목자자리의 알파별인 아르크투루스란 별이지.

알파별이 뭐예요?

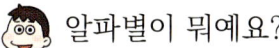 알파별이란 그 별자리에서 가장 밝은 별을 말한단다. 별의 밝기를 처음으로 수치를 이용해 나타낸 사람은 기원전 2세기 그리스에 살던 히파르코스*라는 천문학자야. 이분은 눈에

---

* 히파르코스: 기원전 120년 경 고대 그리스의 천문학자예요. 로도스섬에서 정밀한 천체 관측을 했어요. 항성표를 처음으로 만들었으며, 별의 밝기 등급을 정했답니다.

천체 지도 〈우라노메트리아〉에 나오는 목자자리. 동쪽 하늘의 별자리로, 봄철 저녁 하늘에 잘 보인다 (출처: 미군 해군 천문대 도서관).

보이는 별 중 가장 밝은 별들을 1등급, 즉 1등성으로 하고, 가장 어두운 별을 6등성으로 정했지. 그리고 그 중간 밝기에 속하는 별들을 밝기 순서에 따라 2, 3, 4, 5등성으로 나누었어. 1등급은 6등급에 비해 100배나 밝은 별이란다.

 그럼 별의 계급은 여섯 가지네요? 별이 엄청 많은 거에 비하면 간단하네요!

그런데, 우리가 보통 말하는 별의 등급은 겉보기 등급**이

** 겉보기 등급: 지구의 관측자가 보는 별의 상대적 밝기를 등급으로 나타낸 것이에요.

란다. 거리가 지구에서 2배 멀면 밝기는 4분의 1로 떨어지지. 겉보기 등급으로 판단하면 실제로는 밝은데 지구에서 멀리 떨어졌다는 이유만으로 어두운 별이라고 해야 하니까, 별의 입장에서는 어이가 없겠지?

그럼 불만이 많겠어요. 자기를 제대로 알지도 못하면서 평가한다고요!

그래서 모든 별을 일정한 거리에 있다고 가정하고 등급을 정한 것이 있단다. 이것을 절대등급***이라 하지. 태양이 저렇게 밝아도 절대등급은 5등급밖에 안 된단다.

1등성은 북반구, 남반구 하늘을 모두 합쳐 21개가 있어. 우리나라에서 볼 수 있는 1등성 이상 밝은 별은 15개인데, 오리온자리만이 혼자 1등성 2개를 품고 있단다. 그래서 오리온자리는 별자리의 왕자라고 불리지.

남쪽 하늘에 방패연처럼 생긴 별자리죠? 엄청 멋있어요.

*** 절대등급: 별을 모두 32.6 광년 되는 일정 거리에 있다고 가정하고, 그때의 밝기를 나타낸 등급이에요.

천체 지도 〈우라노메트리아〉에 나오는 오리온자리
(출처: 미군 해군 천문대 도서관)

우주에서 가장 큰 별은 얼마나 클까?

🧓 목동자리의 아르크투루스에서 곡선을 더 따라가 보면 하얀 별 하나가 보여. 바로 처녀자리의 알파별인 스피카야. 우리가 북두칠성 꼬리에서부터 따라간 이 곡선을 봄의 대곡선이라 하지. 이걸 기준으로 잡으면 봄의 별자리들을 대략 파악할 수 있단다.

👧 할아버지, 요즘은 스마트폰에 별자리 앱을 깔면 지금 보는 별자리들이 다 나와요!

🧓 요즘은 별자리 앱 덕에 별자리 공부는 식은 죽 먹기구나! 자, 그럼 별자리 앱으로 봄의 대곡선 다음으로 유명한 것, 봄의 대삼각형도 같이 공부해 볼까?

아르크투루스와 스피카에다 그 옆의 사자자리 알파별 데네볼라를 연결하면 봄의 대삼각형이 나와. 봄철 밤하늘에서 가장 밝은 별들이란다. 그중에서 가장 밝은 별이 아르크투루스인데, 놀라지들 마라. 지름이 태양의 26배나 된단다. 거리는 36

광년쯤 되지.

헤엑! 태양의 26배면, 도대체 얼마나 큰 거예요?

36광년이면, 얼마나 멀리 떨어진 건지 상상이 안 돼요.

1광년은 1초에 지구를 7바퀴 반 도는 빛이 1년 동안 달리는 거리니까, 36광년이면… 저 아르크투루스 별빛은 36년 전에 저 별에서 출발한 빛이구나. 너희가 세상에 태어나기 훨씬 전이지. 그때 할아버지는 청춘이었고. 하하! 그러니까 너희가 밤하늘에서 보는 건 36년 전의 아르크투루스인 셈이지. 우주에서는 먼 곳을 보는 게 먼 과거를 보는 거나 마찬가지란다. 일단 우리 눈에 보이는 밝은 별들은 대개 태양보다 몇 십 배 큰

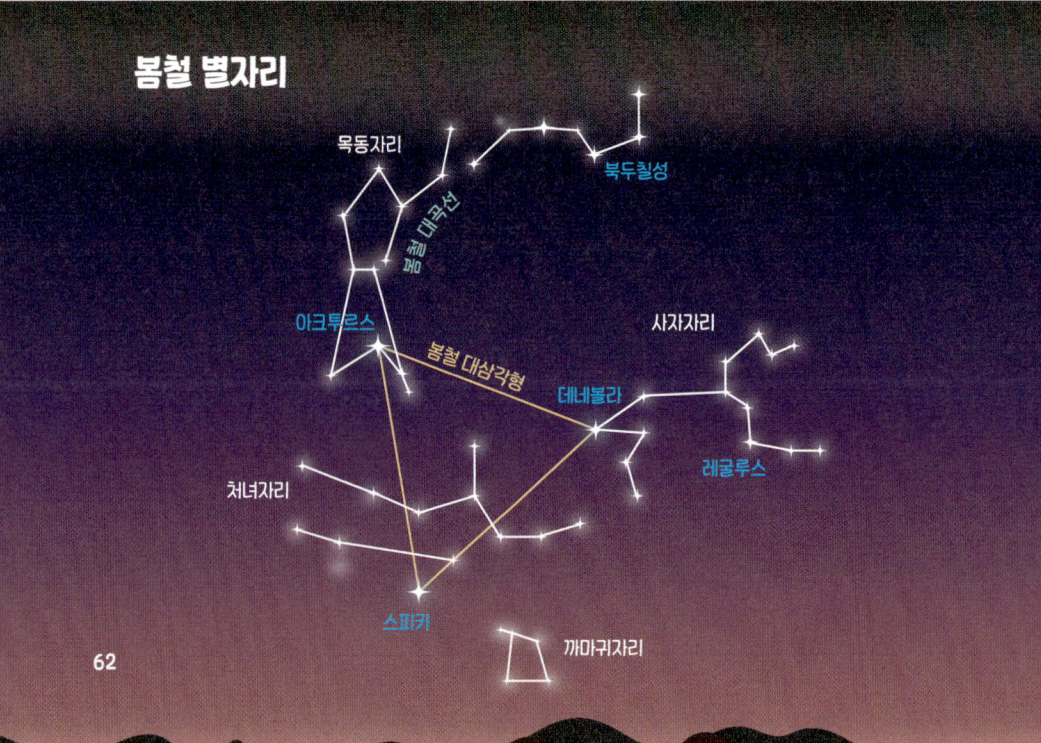

봄철 별자리

별이야. ==현재까지 밝혀진 우주에서 가장 큰 별은 지름이 태양보다 무려 2천 배가 넘는단다. 스티븐슨 2-18이라는 별인데, 비행기를 타고 이 별을 한 바퀴를 도는 데는 자그마치 1100년이나 걸린다는구나.==

🧒 와, 태양의 크기도 상상이 안 가는데 그 2천 배면, 어마어마해요! 별들이 조금만 움직여도 주위가 요동치겠어요.

👵 보통 별을 항성 또는 붙박이별이라 해. 움직이지 않고 하늘의 한곳에 고정된 별이란 뜻이란다. 그에 비해 지구처럼 태양 둘레를 빙빙 도는 천체는 행성(떠돌이별)이라고 해.

👦 ==태양은 항성, 지구는 행성, 달은 위성==이라고 하죠? 달은 행성 둘레를 도는 천체니까요.

👵 잘 알고 있구나. 그런데 사실 별들도 하늘에서 움직인단다. 아르크투루스도 태양을 향해 1초에 120km 속도로 움직이는데, 별까지의 거리가 너무나 멀어 눈에 띄지 않을 뿐이야. 몇백 년이 지나도 그 자리에 고정되어 있는 것처럼 보이지. 그래서 사람들은 별을 영원한 존재로 생각해 별에 걸고 맹세나 약속을 하는 거란다.

탄생이 있으면 죽음도 있다

🧑‍🦳 하지만 <mark>별도 영원한 존재는 아니야. 우리처럼 태어나고 살다가 늙으면 이윽고 죽음을 맞게 되지.</mark> 물론 백 년을 채 못 사는 사람에 비해 수십 억, 수백억 년을 살긴 하지만 말이야.

👧 갑자기 강아지 별로 떠났던 우리 초코가 생각나요. 뭐든 죽는 건 슬퍼요…. 별들은 어떻게 죽어요?

🧑‍🦳 늙어서 죽는다는 말을 들으면 누구나 깜짝 놀라고 슬퍼하지. 하지만 세상에 영원한 것은 없단다. 다 끝이 있게 마련이야.

수소 구름 속에서 새로 태어난 별들은 크기와 색이 제각각이란다. 온도가 아주 높은 푸른 별에서 낮은 온도의 붉은 별까지 다양하지. 별의 밝기와 색은 표면 온도에 달려 있는데, 표면 온도는 별의 덩치, 곧 질량에 따라 달라진단다.

👦 별의 질량이라고 하면, 별의 몸무게인가요?

🧑‍🦳 그렇지. 가장 뜨거운 별은 표면 온도가 3만 도가 넘는 푸

른색 별이고, 그 다음은 흰색, 노란색, 주황색, 붉은색으로 나 눠진단다. 태양은 표면 온도가 6천 도라서 노란색 별에 속해. 이처럼 별은 얼마나 무겁게 태어나느냐에 따라 겉모습이나 수명 등, 일생이 정해진단다. 사람에 비해 무척 간단하지?

몸무게 하나로 모든 운명이 결정되는 거나 같네요. 참 신기해요.

그럼 별의 일생을 잠깐 알아볼까? 아까 말한 수소 핵융합 기억나니? 아기별이 일단 태어나면 줄기차게 수소를 융합하여 헬륨을 만드는 일을 하지. 핵에너지를 생산해 낸다고 했잖니. 이 과정이 별의 일생에서 90%나 되는 기간을 차지한단다. 별의 생애 대부분을 차지해. 이 기간 동안 별의 겉모습은 거의 변하지 않아. 태양이 46억 년 동안 저렇게 변함없이 빛나는 것도 그 때문이지. 이 기간에 있는 별을 주계열성이라 해.

오늘은 여기까지 얘기하고, 내일은 별들이 우주에서 어떻게 살다가 죽는지에 대해 알아보도록 하자. 사람과는 달리 별의 마지막은 참 아름답고 신비롭단다.

마지막까지 아름다운 별의 생애가 정말 궁금해요!

핵심 콕콕 밑줄 짝!

⭐ 우주의 별이 지구상의 모래알보다 더 많다.

⭐ 최초로 우주에 나타난 물질은 수소이고, 수소가 만물의 근원이다.

⭐ 별은 수소 구름이 중력으로 인해 뭉쳐져 만들어졌다.

⭐ 별은 핵에너지를 만들어 반짝인다.

⭐ 별도 사람처럼 태어나서 살다가 늙어서 죽는다.

별도 우리처럼 태어나고 살다가 늙으면 이윽고 죽음을 맞게 되지.

한 걸음 더 나아가기

별자리는 하늘의 번지수

한자로 성좌(星座)라고 하는 별자리는 한마디로 하늘의 번지수랍니다. 이 하늘의 번지수는 88번지까지 있어요. 88개 별자리로 남북반구의 온 하늘에 빈틈없이 경계가 지어져 있다는 뜻이죠.

비교적 최근인 1930년, 국제천문연맹(IAU) 총회에서 온 하늘을 88개 별자리로 나누고, 황도를 따라 12개, 북반구 하늘에 28개, 남반구 하늘에 48개의 별자리를 각각 정했어요. 이중 우리나라에서 볼 수 있는 별자리는 67개예요.

이런 별자리들은 옛날부터 여행자와 항해자의 길잡이였고, 야외 생활을 하는 사람들에게는 밤하늘의 거대한 시계였답니다. 지금도 이 별자리로 인공위성이나 혜성의 위치를 찾아내요.

별들은 지구의 자전과 공전에 의해 일주운동과 연주운동을 해요. 별의 일주운동은 별들이 북극성을 중심으로 한 시간에 약 15도씩 동에서 서로 이동하는 것을 말해요. 그래서 하루에 하늘을 한 바퀴씩 회전하게 되죠. 이것은 지구의 자전 때문에 나타나는 현상이랍니다.

또 연주운동이란 것도 있는데, 하루에 약 1도씩 서쪽으로 이동해요. 그래서 1년 후 원래의 위치로 돌아오는 거죠. 하지만 실제로는 별들이 움직이는 것이 아니라 지구가 태양 둘레를 공전하기 때문에 나타나는 현상이랍니다.

마지막으로, 영원히 변함없이 보이는 별자리도 사실 오랜 시간이 지나면 그 모양이 바뀌어요. 별자리를 이루는 별들은 저마다 거리가 다를 뿐만 아니라, 고유운동으로 1초에도 수십~수백km의 빠른 속도로 제각기 움직이고 있기 때문이죠. 다만 너무 멀리 있기 때문에 움직임이 눈에 띄지 않을 뿐이랍니다.

어째서 녹색 별은 없는 걸까?

붉은 별에서 푸른 별까지 다양한 색깔의 별들이 있지만, 유독 녹색 별은 없답니다. 왜 그럴까요?

별의 색깔은 그 별의 표면온도에 의해 결정돼요. 온도가 낮은 별은 3000K*로, 붉은빛을 복사해요. 3만K로 대단히 고온인 별은 푸르게 빛납니다. 온도와 빛의 관계는 이처럼 복사의 법칙에 엄밀하게 적용받지만, 색에 관해서는 이야기가 다르답니다.

인간의 눈으로 초록이라 느끼는 파장대에 있는 별의 온도는 약 1만K로 추정돼요. 그러나 그런 별을 바라보더라도 하얗게 보일 뿐, 초록으로는 보이지 않아요. 왜냐하면 녹색 빛과 함께 노란색, 주황색, 빨간색, 파란색도 방출하기 때문이죠. 별은 녹색 빛만 방출할 수는 없거든요.

그럼 이 모든 색깔이 섞이면 어떻게 될까요? 빛의 삼원색 원리에 따라 흰색이 되고 맙니다. 그러므로 우리가 초능력을 얻지 않는 이상, 맨눈으로 초록색 별을 볼 수는 없을 거예요.

---

* K: 켈빈(Kelvin)은 절대온도를 나타내는 단위예요. 물이 어는 온도가 섭씨 0도라면, 열이 전혀 존재하지 않는 섭씨 -273.15도가 절대온도 0K예요.

3장

우주의 주방장, 별의 일생

샛별아, 너희는 여름방학에 뭘 하고 노니?

저희는요, 친구들이랑 모여서 네일 연습도 하고 다이어리도 꾸미고, 아이스크림도 먹으러 다니고 그래요!

요즘 아이들은 그렇게 노는구나. 할아버지도 초등학교 다닐 때 여름방학이 제일 신났는데, 강에서 멱도 감고, 매미도 잡으러 다니고, 밤에는 술래잡기도 하고 그랬단다.

 할아버지가 저희 같은 초등학생이었다니, 갑자기 이상해요. 저희도 언젠가 할아버지처럼 나이가 들겠죠?

그럼, 모든 건 시작이 있으면 끝이 있단다. 지난번에 얘기한 별들도 그렇지. 수소 구름 속에서 태어나 나중엔 죽음을 맞이한다고 했지? 오늘은 별의 죽음에 대해서 얘기해 보자꾸나. 우주에서 가장 신기한 일 중 하나란다.

우주엔 너무 신기한 일투성이예요! 빨리 말해 주세요!

아침에 뜨는 별, 태양의 죽음은?

🧑 지난번에 태양도 밤하늘의 별과 똑같은 별이라고 한 말 기억하지? 다른 별에 비해 거리가 엄청 가까워 우리에겐 저렇게 태양이 된 거지. 그래서 어떤 시인은 태양을 '아침에 뜨는 별'이라 했단다.

👧 아침에 뜨는 별, 아름다운 말인 거 같아요. 그런데 태양이 아침에 뜨면 다른 별은 다 사라져요.

🧑 그렇지, 태양이 워낙 밝으니까. 사실 태양은 우리은하의 별들 중에서 질량이 중간치를 살짝 넘는 작은 별이란다. 지금 나이가 46억 년 정도 됐으니까 앞으로 그만큼 더 살면 죽음을 맞게 되지. 지난번에 별은 얼마나 무겁게 태어나느냐에 따라 일생이 정해진다고 한 말 기억나니?

👦 별이 얼마나 무겁게 태어나느냐에 따라 별의 일생이 결정된다고 하셨던 거 기억해요.

🧑 잘 기억하고 있구나. 별은 덩치에 따라 죽음을 맞는 방법

도 달라진단다. 태양처럼 작은 별은 조용한 죽음을 맞아. 약 50억 년 후면 태양의 바깥층이 크게 부풀어 오르면서 벌겋게 변하기 시작할 거야. 이게 바로 별이 늙었다는 표시란다. 이런 별을 적색거성이라 하지.

적색거성이 된 태양은 크기가 100배 이상 불어나 수성과 금성을 집어삼킬 거야.

저렇게 환한 태양이 수성과 금성을 집어삼키다니… 갑자기 태양이 무서워요.

샛별이한테 할아버지가 겁을 줬구나. 하지만 너희들은 걱정하지 않아도 돼. 까마득히 먼 훗날의 일이니까. 어쨌든 적색거성이 된 시뻘건 태양이 불어나면, 지구 하늘의 반을 뒤덮고 지구 온도를 2천 도까지 끌어올려 바다를 다 증발시킬 거야.

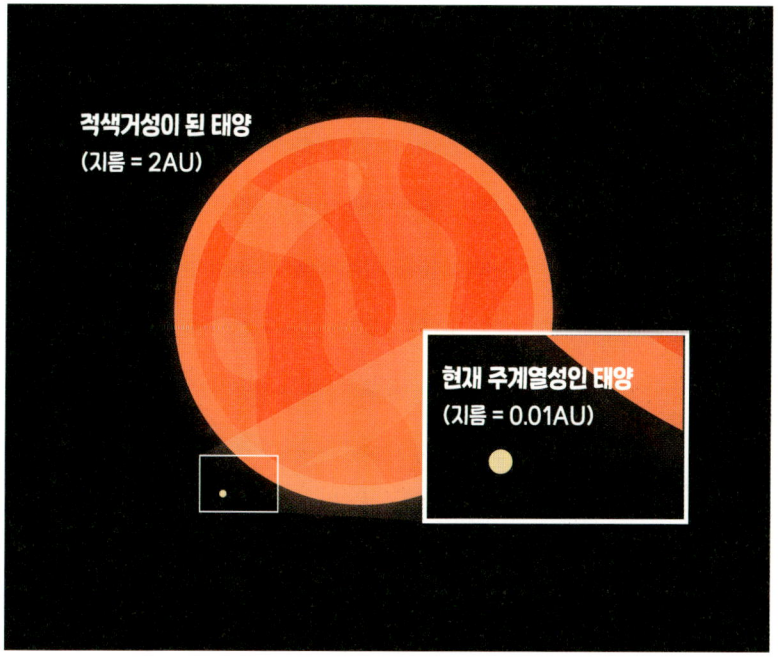

현재 주계열성인 태양의 크기와 미래에 적색거성이 된 태양의 최대 크기 비교. 1AU는 지구-태양 간의 거리인 1억 5천만km를 의미한다.

 지구 종말 영화랑 다름없네요? 생각만 해도 무시무시해요.
 태양의 맨 마지막은 이렇단다. 별의 바깥 껍질을 우주공간으로 죄다 날려 버리지. 그리고 탄소와 산소로 이루어진 별의 속알맹이만 남아, 서서히 식으면서 졸아서 아주 작고 뜨거운 흰 별이 된단다. 이것을 백색왜성이라 해.

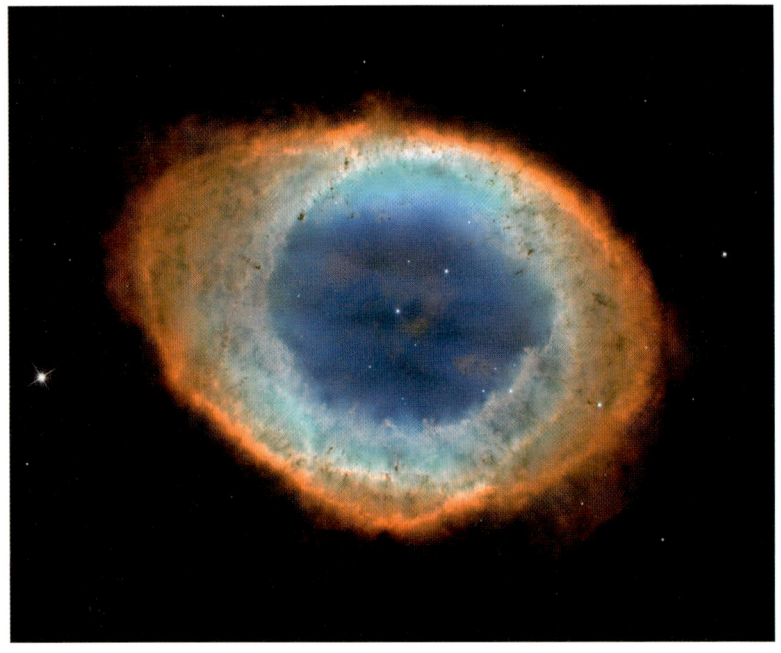

태양은 약 50억 년 후 백색왜성이 되어 마지막을 맞는다. 사진은 고리성운(M57)으로, 거문고자리에 있는 행성상 성운인데 가운데 하얀 별이 백색왜성이다(사진: NASA).

태양이 그렇게나 줄어들어요?

응, 태양 크기가 거의 지구만 해지는데, 원래 크기의 100만분의 1의 공간 안에 압축되는 거란다. 이 초밀도의 천체는 한

숟갈 정도 물질이 1톤이나 된대. 사람이 만약 이 별 위에 내려서다면 5만 톤의 중력으로 즉시 콩가루가 되고 말 거야.

한편 우주공간으로 뿜어져 나간 별먼지는 커다란 먼지 고리를 만드는데, 멀리 해왕성 바깥까지 뿜어져 나가 찬란한 쌍가락지를 만들어 놓을 거야. 이것을 '행성상 성운'이라 한단다.

그럼 지구는 어떻게 되나요?

샛별이는 자꾸 지구가 걱정되는 모양이구나. 글쎄다. 과학자들도 그것까지는 알 수 없는가 봐. 태양 속으로 휩쓸려 들어갈 수도 있고, 아니면 더 멀리 튕겨나갈 수도 있다는구나. 그때 지구에는 아무런 생명체도 없을 테니까, 어느 쪽이든 크게 달라질 건 없을 거야.

그 외의 별들의 죽음

태양과 달리, 태양의 수십, 수백 배 되는 큰 별은 단 몇 초 만에 폭발해 산산이 흩어지고 만단다. 이때 엄청나게 강한 빛을 쏟아내는데, 이건 수천억 개의 별을 가진 은하가 내는 빛보다 더 강하지. 이걸 초신성 폭발이라고 해.

태양보다 50배 정도 무거운 별은 중력이 강해 핵융합이 빠르게 일어나. 그래서 핵연료를 300만~400만 년 만에 다 써 버리지. 작은 별은 수백 억, 심지어 수천 억 년 이상 살기도 하는데 말이야. 그러니 덩치 크다고 자랑할 일만은 아닌 것 같지?

덩치가 크다고 무조건 좋은 게 아니네요. 그렇게 큰 별이 몇 초 만에 폭발로 깨져 버린다니….

생각해 보면 아주 끔찍한 일이야. 만약 태양계 가까운 곳에서 그런 초신성 폭발이 일어난다면 태양계는 삽시간에 끝장나고 말 거야. 폭발도 폭발이려니와, 어마어마한 방사능이 태양계를 뒤덮어 생명체들이 다 멸종되거든. 물론 이 초신성은 한 은하에서 100년에 한 번 꼴로 나타나는 정도로 드문 사건이

라서 너무 걱정하지는 않아도 된단다.

🌙 그래도 무서워요. 저는 우주가 좋아도 그런 별 근처에는 절대 안 갈 거예요.

⭐ 그런데 할아버지, 초신성이라는 건 무슨 뜻이에요?

👴 초신성이란 超(뛰어넘을 초)에 新(새 신)을 써서 '일반 신성보다도 1만 배 이상의 빛을 내는 신성이라는 뜻'이란다.

🌙 새롭다고요? 왜 별이 죽는 건데 새롭다고 해요?

👴 좋은 질문이야. 사실 새로운 별이 아니라 늙은 별이 죽

는 건데 말이야. 초신성이라는 이름이 붙은 데는 그만한 이유가 있단다.

망원경이 없던 옛날, 별안간 밝은 별이 하늘에 갑자기 나타났지. 이걸 옛사람들은 단순히 새 별이 생긴 줄 알고 '초신성'이라는 이름을 붙인 거야. 앞에 '초' 자를 붙인 건 엄청 밝은 빛을 낸다고 해서 그런 거고.

황소자리의 게성운. 초신성 폭발 후 남겨진 잔해 성운이다. 1054년 출현하여 우리나라 〈조선왕조실록〉에도 기록이 남아 있다(사진: NASA).

초신성은 우주의 연금술사

 그런데 단순히 별이 죽는다는 사실보다는 별들의 죽음 뒤에 있는 놀라운 비밀들이 훨씬 중요하단다. 지금 저 별들은 우리와는 별 관계가 없는 것처럼 아득하게만 보이지만, 실은 아주 밀접한 관계를 갖고 있어. 별이 없었다면 어떤 생명체도 이 우주 안에 존재하지 못했을 거야. 너희도 포함해서 <mark>모든 생명체는 저 별들로부터 몸을 받았단다.</mark>

우리가 별에서 몸을 받았다고요?

그럼. 물론 엄마 아빠한테 몸을 물려받았지만, 계속 올라가서 생명체의 근원을 살펴보면 별이 나타난단다. <mark>수소 외에는 세상에 존재하는 모든 원소들을 다 별이 만든 거거든.</mark> 저번에 별 속에서 수소가 헬륨으로 뭉쳐진다고 했었지? 수소 핵융합 반응이라고. 그런데 헬륨뿐만이 아니라, 다른 원소들도 다 별에서 만들어진단다. 질소, 산소 등이 원자번호 순서대로 만들어져서, 양파 껍질처럼 별 속에 켜켜이 쌓인단다.

이런 핵융합 반응이 어디까지 가느냐 하면, 원자번호 26번인 철(Fe)까지 가. 마지막으로 <mark>별의 가장 깊은 중심에 철을 남기고 끝나지. 별의 원자로에서는 철보다 더 무거운 원소는 만들어 낼 수는 없기 때문이란다.</mark>

 그럼 별의 중심에는 커다란 쇠공이 있는 거네요?

 그래. 아주 무거운 쇠공이 있지. 그럼 별이 그 상태에서 폭발하면 어떻게 될까?

 어마어마한 폭발이니까 원소들도 다 흩어지나요?

 맞아. 별이 폭발할 때 속에 쌓인 쇠도 우주로 뿜어져 나왔어. 그중 일부는 지구가 만들어질 때 섞여들었고. 그리고 철 다음의 원소들은 바로 초신성 폭발 때 죄다 순식간에 만들어졌단다.

<mark>초신성이 대폭발을 일으키는 순간, 몇 조 도에 이르는 높은 온도가 만들어지고 이때 은, 금, 우라늄 같은 무거운 원소들이 만들어진 거지.</mark> 별이 폭발할 때 순간적으로 만들어진 거니까 그 양이 많지는 않단다. 금이 쇠보다 비싼 건 그런 이유 때문이야.

그럼 세상의 모든 금은 초신성이 만든 건가요? 할아버지가 끼고 있는 반지도요?

그렇고말고. 이 반지는 초신성 폭발 기념품이지! 초신성이 폭발할 때 만들어져 우주 공간으로 흩어졌다가, 지구가 생길 때 섞여든 거야. 그래서 지하에서 잠들어 있다가 광부가 파내어 금은방을 거쳐 이렇게 할아버지 손가락에 끼워진 거란다.

😮 할아버지 금반지가 저 멀리 우주에서 온 거라니….

👵 지구에서는 무슨 짓을 해도 금을 만들어 낼 수가 없단다. 중세시대에, 연금술사들이 그렇게 금을 만들려고 애썼지만 다 실패했지. 태양보다 수십 배나 큰 별이 폭발할 때나 금을 만들 수 있는데 지구에서 어떻게 만들 수 있겠어.

==우주를 만들고 있는 모든 원소들은 이렇게 별 속에서, 또는 별이 폭발할 때 다 만들어진 거란다.== 그래서 별은 우주의 주방장이라고 하지.

😄 우주의 모든 재료가 다 별에서 온 거였구나. 별은 만능 요리사네요!

👵 요리사 겸 농부라고 할 수 있구나! 초신성은 폭발해서 사라진다고 해서 끝나는 게 아니라, 폭발하고 남은 찌꺼기들이 우주 공간을 떠돌다가 다시 별로 태어나기를 거듭한단다. 그 과정에서 지구 같은 행성들도 만드는 거야. 산소를 비롯해, 지구를 이루고 있는 모든 물질은 수소만 빼고는 모두 별에서 만들어진 거란다.

우리도 지구에서 태어났으니 우리 몸도 별에서 온 셈이구나.

🧓 아주 정확히 말했네! 우리 몸을 이루고 있는 원소들도 다 별에서 온 거란다. 피 속의 철, 뼈 속의 칼슘, 머리칼의 탄소 등, 원자 알갱이 하나하나는 모두 별 속에서 만들어진 것들이지. 우리는 별에게서 몸을 받아 태어난 별의 자녀구나. 엄마 아빠도, 할아버지도, 할아버지의 할아버지도 마찬가지지.

<mark>만약 별이 죽으면서 아낌없이 제 몸을 우주로 내놓지 않았다면, 너희나 엄마 아빠나 할아버지도 없었을 거야. 이것이 바로 나와 별, 나와 우주의 관계란다.</mark>

👦 저 멀리 떨어진 별과 우리가 그렇게 깊은 관계인지는 몰랐어요. 하늘의 별이 오늘따라 더 빛나는 거 같아요. 저한테 무슨 하고 싶은 이야기가 있나 봐요.

🧓 별이 큰별이한테 "우리는 가족이야."라고 말을 하고 싶나 보구나. 우리 인류는 백 년 전만 해도 이런 사실을 전혀 몰랐단다. 근본도 모른 채 살아온 셈이지.

👧 할아버지, 저기 별이요, 아까와는 아주 다르게 보여요. 나를 보고 다정하고 웃는 것 같아요.

🧓 샛별이도 이제 별과 아주 친해졌구나. 저기 숲속에서 우는 소쩍새 소리 들리지? 저 소쩍새를 이루고 있는 원소들도, 그 소리를 듣고 있는 너희와 마찬가지로 다 별에서 온 거야. 알고

보면 소쩍새도 우리와 참 깊은 인연이구나.

 우주는 알수록 참 신기한 것 같아요.

그래, 하지만 정말 재미있는 건 직접 망원경으로 별을 관측하는 일이란다. 너희들도 고개를 떨구고 휴대폰만 보기보다는 고개를 들어 하늘의 별을 자주 보렴. 그러면 생각도 깊어지고 세상을 넓게 볼 수 있단다.

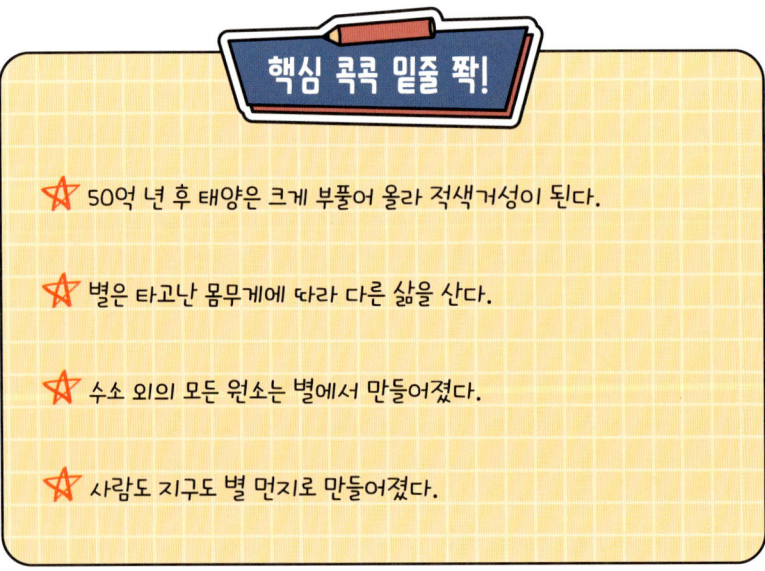

핵심 콕콕 밑줄 쫙!

⭐ 50억 년 후 태양은 크게 부풀어 올라 적색거성이 된다.

⭐ 별은 타고난 몸무게에 따라 다른 삶을 산다.

⭐ 수소 외의 모든 원소는 별에서 만들어졌다.

⭐ 사람도 지구도 별 먼지로 만들어졌다.

한 걸음 더 나아가기

재미있고 신기한 북극성 이야기

태양 다음으로 인류에게 가장 친숙한 별은 바로 북극성일 거예요. 북극성은 일곱 개의 별로 이루어진 작은곰자리 중 한 개의 별이에요. 그리스 신화에서는 작은곰자리를 큰곰자리(북두칠성)와 함께 하늘로 올라간 새끼곰이라고 하는데, 이 작은곰자리의 알파별이 북극성이죠.

북극성은 지구 자전축을 연장했을 때 천구의 북극에서 만나는 별이랍니다. 북극성은 지난 2000년 동안 북극에 가장 가까운 밝은 별로, 옛날부터 항해자들에게 친근한 길잡이가 되어 주었고, 육로 여행자에게는 방향과 위도를 알려 주는 별이었어요. 북극성이 길잡이별이 된 데는 여러 가지 좋은 조건을 갖추고 있기 때문이에요.

첫째, 천구북극에서 불과 1도 떨어져 작은 반지름을 그리며 일주운동을 하고 있어요. 두 번째, 안시등급이 2.5등급으로 비교적 밝은 별이에요. 세 번째, 무엇보다 눈에 띄는 별자리가 하늘의 화살표처럼 북극성을 가리키고 있어 찾기 쉬워요.

국자 모양의 북두칠성 끝부분 두 별을 이은 다음 그 선을 5배 길게 그리면 바로 북극성에 닿아요. 북극성을 찾을 수만 있다면 지구 어디에 있든 자신의 위치를 가늠할 수 있답니다. 북극성을 올려본 각이 바로 그 자리의 위도거든요. 예를 들어 서울에서 북쪽 하늘의 북극성을 바라본다면 약 38도쯤 돼요. 따라서 서울의 위도는 북위 38도이고, 동서남북을 알 수 있게 되는 거죠.

큰곰자리(북두칠성)와 작은곰자리를 표시한 사진. 북두칠성의 끝부분 두 별을 이어서 북극성을 찾을 수 있다.

북극성이 인류에게 베푼 은덕은 이뿐만이 아니에요. 고대인들은 이 북극성으로 인해 자신들이 살고 있는 지구가 공처럼 둥글다는 것을 알았어요. 북쪽으로 올라갈수록 북극성의 올려본 각이 커지는 것을 보고는, 이 평편하게 보이는 지구가 실은 공처럼 둥글다는 사실을 깨달았던 거죠.

북극성까지의 거리는 약 430광년이에요. 오늘밤 내가 보는 북극성의 별빛은 조선의 임진왜란 때쯤 출발한 빛인 셈이랍니다.

4장

별들의 도시, 은하로 놀러가자~

🙂 할아버지, 여름방학에 원두막에서 별을 보니까 기분이 상쾌해요. 수박까지 먹으면서 보니까 천국이에요!

👴 이렇게 있으니까 기분이 좋지? 시원한 밤공기를 맞으면서, 탁 트인 하늘에서 별을 찾으면 기분이 좋아진단다.

🙂 그런데 저기 길게 흘러가는 건 뭐예요?

👴 오늘은 은하수도 잘 보이는구나! 빛 공해가 많으면 은하수가 흐리게 보이는데, 오늘은 또렷하게 보이네. 요즘 같은 여름에는 은하수가 하늘 가운데를 가로지르기 때문에 제일 잘 보이거든.

👧 은하수가 뭐예요?

👴 허허, 은하수는 견우와 직녀가 1년에 한 번 만나 사랑을 나눌 때, 둘을 이어 준 곳이란다.

🙂 견우와 직녀가 만나는 곳이라고요? 그럼 저 하늘 위에서 지금 견우와 직녀가 만나고 있겠네요?

👴 그럴 수도 있지. 물론 견우와 직녀는 은하수를 보고 옛날 사람들이 만들어 낸 전설이지만 말이야. 오늘은 은하수에 대해서 알아보자꾸나. 다들 준비됐지?

🙂👧 빨리 말해 주세요!!

푸른 하늘 은하수, 하얀 쪽배에~

🧓 너희들 이 노래 알지? 할아버지랑 같이 불러 보자꾸나. 하나, 둘, 셋, 넷!

푸른 하늘 은하수 하얀 쪽배에

계수나무 한 나무 토끼 한 마리

돛대도 아니 달고 삿대도 없이

가기도 잘도 간다 서쪽 나라로

은하수를 건너서 구름나라로

구름나라 지나선 어디로 가나

멀리서 반짝반짝 비치이는 건

샛별이 등대란다 길을 찾아라

🧒 친구들이랑 세, 세, 세, 손박자 맞추며 자주 불러요.

🧓 할아버지도 이 노래를 참 좋아한단다. 윤극영 선생님이 노랫말도 쓰고 곡을 지은 '반달'이란 노래야.

👦 그러고 보니 '반달', '은하수', '샛별'이라는 말도 나오네요?

🧓 동요에도 나와 있지만, 사람들은 옛날부터 은하수가 우주 어딘가를 이어 주는 아주 신비로운 길이라고 생각했단다. 저기 북쪽 하늘을 보렴. 허연 띠가 하늘을 가로질러 우리 머리 위를 지나 저기 남쪽으로 가는 게 보이지? 저게 바로 은하수란다. 저건 북반구에서 보이는 부분이고, 나머지 부분은 남반구 하늘을 지나 다시 저 북쪽 하늘로 이어지고 있단다.

칠레의 파라날 천문대에서 본 은하수. 레이저 빛줄기가 은하수의 중심을 가리키고 있다[(사진: ESO).

그럼 지구를 한 바퀴 빙 도는 거네요?

 그렇지, 우리는 저 은하수 한가운데 있는 셈이야.

 그런데 저 은하수는 뭐로 된 거예요? 구름 같기도 하고 별 무리 같기도 하고, 뭔지 모르겠어요.

옛날 사람들도 저 은하수가 대체 무엇인지 정말 궁금해했단다. 옛날엔 빛 공해도 없어서 어디에서나 은하수가 하늘을 빙 두르는 광경을 뚜렷하게 볼 수 있었으니 궁금증은 한층 더했을 거야. 인류가 은하수의 정체를 알게 된 것은 그리 오래된 일이 아니란다.

이번엔 은하수가 무엇인지 알아볼까?

신비로운 길, 은하수를 망원경으로 본 갈릴레오 갈릴레이

그 옛날, 서양 사람들은 그리스 신화에 나오는 헤라 여신의 젖이 하늘에 뿌려져 밀키 웨이, 곧 우유의 길이 되었다고 믿었단다. 동양에서는 은하수라는 하늘의 강이 있어서 칠월 칠석에 견우와 직녀가 오작교에서 만난다는 설화가 전해지고 있지.

견우와 직녀는 그 다리에서 일 년에 한 번 만나고 또 헤어진대요. 불쌍해요.

하지만 그런 얘긴 다 전설이지. 은하수가 정말 무엇인지 최초로 알아낸 사람이 누군지 아니? 바로 갈릴레오 갈릴레이란 이탈리아 과학자란다.

어린이 과학책에 나오는 사람이에요. 피사의 사탑에 올라가서 쇠공을 떨어뜨린 과학자잖아요.

그래, 맞아. 그분은 1610년에 자신이 손수 만든 망원경으로 은하수를 관측했어. 그랬더니 웬 걸! 구름처럼 보였던 은하수가 사실은 구름도, 강도 아니었던 거야. 바로 엄청나게 많은 별들이 빽빽하게 모여 있는 별의 띠였단다.

갈릴레오도 깜짝 놀랐어. 은하수가 수많은 별들이 모인 거라고는 상상도 못 해 본 거였거든. 그래서 곧바로 세상 사람들에게 알렸지. "은하수는 엄청나게 많은 별들이 모여 있는 별의 띠입니다!"라고.

 그런데 왜 별들이 저런 띠를 만든 거예요?

아주 좋은 질문이구나. 그건 우리 지구가 속해 있는 우리 은하의 생긴 꼴을 이해하면 알게 돼. 우리은하는 한마디로 계란프라이 같은 모양이란다. 그러니까 중심이 좀 두껍고 가장자리로 갈수록 얇아지는 원반 꼴을 하고 있지.

지구가 있는 태양계는 우리은하 원반의 중심에서 약간 벗어난 가장자리에 있어. 여기서 은하를 아래위 사방으로 살펴본다고 상상해 봐. 원반이 납작하니까 아래위로는 별들이 성기게 보이겠지?

그럴 것 같아요. 하지만 옆을 보면 별들이 겹쳐져 빽빽하게 보이겠네요?

바로 그렇단다. 그러니까 은하수는 우리가 은하의 가장자

위에서 본 우리은하의 모습 상상도. 막대 나선은하에 속한다(사진: NASA).

리 쪽을 볼 때 나타나는 별의 띠인 거지. 시선이 가장자리의 먼 곳까지 향하니까 많은 별들이 겹쳐져 띠처럼 보이는 거지. 이 띠가 지구를 한 바퀴 감싸며 돌고 있는 거란다.

뜻밖에도 은하수가 띠처럼 보이는 이유를 잘 모르는 사람이 많아. 너희도 친구들에게 은하 원반의 가장자리 쪽을 향해 보니까 띠처럼 보이는 은하수가 생기는 거라고 설명해 주려무나.

😊 우와, 정말 신기한 사실이다!

🙂 다음 달에 친구네랑 강원도로 여행을 가서 별을 보기로 했는데, 친구들에게 은하수를 잘 설명해 줄 수 있을 것 같아요.

👴 허허, 강원도는 우리나라에서 은하수가 가장 잘 보이는 곳이니까 큰별이가 제대로 설명해 줄 수 있겠구나! 그날은 할아버지 대신 큰별이가 별 선생님이 되렴!

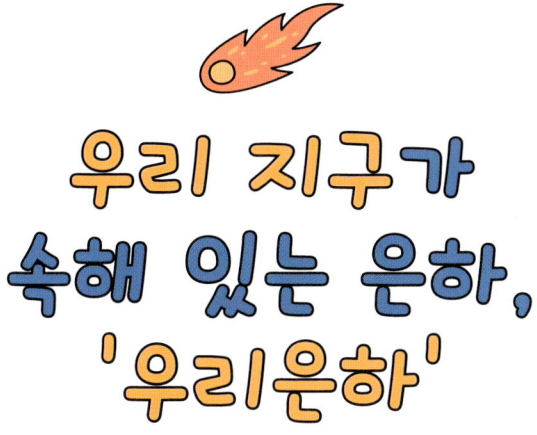

우리 지구가 속해 있는 은하, '우리은하'

🧑‍🦳 자, 그럼 또 중요한 것 하나만 짚고 가자구나. 은하(銀河)랑 은하수의 차이. 은하란 수많은 별들이 모여서 만든 별들의 도시라 할 수 있단다. 우리은하를 포함해서 우주에 은하들이 몇 조 개나 있지. 영어로는 갤럭시(Galaxy)라 해.

이에 비해 은하수는 지구에서 맨눈으로 볼 수 있는 우리은하의 일부분을 가리키는 말이란다. 그래서 저기 하늘을 가로지르는 띠 모양의 천체는 은하수라고 부르는 거야.

👦 그렇구나! 우주에는 수많은 은하들이 있는 거고, 이 은하들 중에서 지구가 속한 우리은하가 있는 거고, 우리은하 중에서 사람들이 볼 수 있는 일부분을 은하수라고 부르는 거죠?

🧑‍🦳 아주 정확히 이해했구나!

👧 할아버지, 우리은하는 왜 우리라는 말이 붙은 거예요?

🧑‍🦳 태양계가 있는 우리은하는 수많은 은하 중에서 '우리 지구'가 속해 있는 은하이기 때문에 우리은하라고 부른 거란다. 은하수은하라고도 하고, 순우리말로는 미리내라고 해. '미리'는 용을 뜻하는 우리 옛말 '미르'에서 왔고, 여기에 강을 뜻하는 '내'가 합쳐져 미리내가 된 거지.

👧 그럼, '용의 강'이라는 뜻이네요? 미리내, 이름이 아주 멋있어요!

🧑‍🦳 물 한 방울 한 방울이 모여서 강을 이루는 것처럼, 별 하나하나가 모여 은하를 만드는 거란다. 말하자면 별은 은하라는 집을 만드는 벽돌 같은 거지.

그럼 우리은하를 만드는 데는 별 벽돌이 몇 개나 들어갔을까? 천문학자들이 조사해 보니까 우리은하에 별이 무려 4천억 개나 된다고 하는구나. 현재 지구상의 인구가 80억이 좀 안 되는데, 4천 억이라면 엄청난 숫자지.

👧 4천 억 개나 넣고도 공간이 남는 우리은하는 엄청 큰 주머니네요!

👦 그런데 할아버지, 왜 별들은 저렇게 같이 사나요? 크기도 큰데, 따로따로 살면 움직이기도 편하고 충돌할 위험도 없잖아요.

왜 별들은 우주에서 따로따로 살지 않고 은하라는 동네를 만들어 같이 사는 걸까? 사람은 혼자 있으면 외롭지만, 별들은 외로워서 그런 건 아닐 텐데 말이야. 우리은하를 표본으로 삼아 은하가 만들어지는 과정을 한번 알아보도록 하자꾸나. 옛날에 할아버지가 빅뱅 직후의 우주공간에 맨 처음 나타난 게 뭐라고 했더라?

엄청난 수소 구름들이 나타나 별을 만들었다!

역시 내 손자야! 원시 우주에 나타난 수소 구름은 여기저기서 뭉쳐져서 먼저 수소 구름으로 이루어진 은하들을 만들었단다. 별들은 그 속에서 생겨난 거지. 맨 처음 나타난 별들은 큰 특징이 하나 있었어. 바로 하나같이 엄청나게 큰 별들이었다는 거야. 얼마나 컸을까?

 태양보다 훨씬 더 컸어요?

상대가 안 될 정도지. 태양의 수백 배에서 수천 배나 되었단다. 이렇게 큰 별을 초거성이라 해. 이런 별을 태양의 자리에다 끌어다 놓는다면, 태양계의 모든 행성들이 그 안에 들어갈 정도의 엄청난 크기란다.

별은 크기가 클수록 핵반응도 빠르게 일어난다고 했잖아. 그래서 겨우 수백만 년에서 수천만 년 만에 초신성 폭발로 삶을 끝

낸다고도 했고. 그 뒤에 ==별의 잔해는 우주로 쏟아져서 또 다른 별이 되지만, 별이 있던 곳에는 뭐가 남을까? 바로 빛까지도 탈출하지 못한다는 블랙홀이야.==

🧒 무엇이든 다 빨아들이는 블랙홀 말인가요?

👵 그렇지. 좀 더 자세히 말하면, 중력이 너무나 강해서 빛까지도 탈출할 수 없는 천체를 말한단다. 그러니까 우리 눈에도 안 보여.

🧒 한 번 끌려 들어가면 다시는 못 나오는 거예요?

👵 아마 그럴걸. 어떤 거든 다 산산조각이 나서 추락할 거야. 이 무서운 블랙홀이 아주 중요한 역할을 한단다. 블랙홀의 질량은 태양의 수백 배에서 수천 배나 되거든. 그래서 블랙홀이 은하의 씨앗이 되어 주위의 천체와 가스들을 계속 끌어모아. 물질들이 충분히 모이면, 블랙홀 주위로 휘감겨들면서 별들이 떼를 짓고, 우리가 아는 은하가 탄생하는 거란다. 그 와중에 새로운 별들은 끊임없이 태어나니까 별들이 점점 더 모이게 되는 거지. 중심에 블랙홀이 있는 우리은하도 그렇게 태어난 거란다.

🧒 그럼 우리 지구도 블랙홀로 점점 더 빨려 들어가고 있는 셈이네요? 발버둥 쳐도 나갈 수도 없잖아요….

그렇지만 그건 아주 오랜 시간이 지난 후의 일이니까 걱정하지 말렴! 어쨌든 별들이 우주 공간에 아무렇게나 흩어져 있는 것이 아니라, 이렇게 모이게 된 것은 블랙홀의 역할이 컸기 때문이란다.

블랙홀 덕분에 처음 만들어진 은하들은 계속 빨아 먹으려는 욕심에 서로를 잡아당기다가 합쳐져서 나중에는 우리은하처럼 엄청나게 큰 은하로 자라나. 우리은하는 10억 년 전에 젊은 다른 은하랑 충돌해서 지금의 크기가 되었는데, 크기가 무려 10만 광년이나 돼. 빛이 10만 년 동안 달려야 닿는 거리야.

그럼 나이는 얼마나 돼요?

 우리은하의 나이를 정확히 알아내기는 어렵지만, 대략 어림해 볼 방법은 있지. 우리은하의 별 중 가장 늙은 별의 나이가 얼마나 되나 조사하면 된단다. <mark>현재까지 밝혀진 우리은하에서 가장 나이 많은 별은 므두셀라라는 별이야. 나이가 무려 136억 살!</mark> 므두셀라는 『성서』에 나오는 가장 장수한 인물인데, 그 이름을 이 별의 이름으로 삼을 정도였단다.

 136억 살이면, 제 나이의 몇 배인지 계산이 안 돼요.

 한번 계산기로 천천히 몇 배인지 계산을 해 보려구나. 므두셀라가 우리은하와 거의 동시에 탄생했을 걸로 본다면, <mark>우리은하의 나이는 현재 우주의 나이인 138억 년과 얼추 비슷할 거라고 생각되지.</mark>

136억 살이면, 내 나이의 몇 배인지 계산이 안 돼.

은하들도 우리처럼 서로 모여 산다

👴 작은 은하들을 자꾸자꾸 먹으면서 합친 결과, <mark>지금 우리은하는 별 식구가 무려 4천억 개나 되었단다.</mark> 우리 태양은 그 많은 별들 중의 하나일 뿐이야. 저렇게 큰 태양이 우리은하에서는 콩알 한 쪽보다도 작은 존재라니, 참 신기하지?

👧 우주에서 그렇게 작으니까, 더 커지려고 하는 것도 이해가 돼요. 저도 우리은하처럼 많이 많이 먹으면서 쑥쑥 자라고 싶어요.

👴 우리은하는 은하를 먹고, 샛별이와 큰별이는 할머니가 해 준 맛있는 밥을 먹고 그러자꾸나.

👦 할아버지, 그럼 그렇게 작은 태양이랑 지구는 우리은하의 어디쯤에 있는 거예요?

👴 태양은 은하의 중심으로부터 은하 반지름의 3분의 2쯤 되는 거리에 자리 잡고 있단다. 중심에서 약 3만 년 거리가 떨어진 가장자리에 있는 셈이지. 은하를 도시로 친다면, 태양계

는 변두리에 있는 시골 마을 정도나 될까.

🧒 그럼 우린 우리은하의 촌사람이네요. 저는 시골이라고 해도 우리 태양계가 제일 좋은걸요. 지구와 태양계 친구들이 오순도순 모여 있는 모습이 좋아요.

👴 태양계 친구들한테 그새 정이 들었구나. 우리가 모여 사는 걸 좋아하고, 별들이 모여서 은하를 만들 듯이 은하들도 서로 떼 지어 모여 다니는 습관을 갖고 있단다. 그런 걸 '==은하 부락=='이라고 해.

우리은하도 '==국부 은하군=='이라는 은하 부락의 한 구성원인데, 그 안에는 ==안드로메다은하, 마젤란은하를 포함해서 20여 개의 작은 은하들이 포함되어 있단다. 부락의 지름은 무려 600만 광년이나 되니까,== 상상이 안 가는구나.

👧 할아버지, 점점 큰 숫자들이 나오니까 머리가 새하얘져요.

🧒 그러네. 이거보다도 큰 숫자들이 분명 또 나올 거야. 상상이 안 가요.

👴 할아버지도 상상이 안 되니까 머리를 너무 쥐어짜지는 말렴 허허. 놀라지 마시라, ==우주에는 이런 은하들이 무려 2조 개나 있단==. 큰 은하는 무려 100조 개의 대식구를 거느리기도 한단다. 정말 기절할 정도로 많은 별을 가지고 있지?

우리은하도 100조 개 은하에 비하면 꼬맹이네요!

안드로메다은하. 우리은하보다 2배 이상 크다(사진: NASA).

안드로메다자리 베타별인 미라크의 양쪽에 균형을 이루며 자리 잡고 있는 두 나선은하 M31과 M33(사진: NASA).

개성만점 은하의 종류

🧒 근데 할아버지, 아까 우리은하 사진을 보니까 계란프라이 같은 모양이라고 하셨잖아요. 다른 은하들도 다 똑같아요? 안드로메다은하 같은 은하들이요.

👴 큰별이와 샛별이는 같은 엄마 아빠한테서 태어났지만 모습은 다르지? 은하들도 성장하고 진화하는 단계에 따라 모양이 바뀌어 간단다.

👧 은하들도 모양이 다 다르구나….

👴 지금은 우주가 팽창한다는 사실을 맨 처음 발견한 에드윈 허블이 분류한 기준에 따라서 은하를 구분한단다. 허블은 수많은 은하를 기본적인 형태에 따라 나선은하, 타원은하, 불규칙은하 등 세 종류로 분류했어.

🧒 우리은하는 어디에 속해요?

👴 우리은하는 나선은하란다. 나선 모양의 팔을 가진 원반 은하라 이런 이름이 붙었지. 우리은하는 중심에 막대 모양의

타원은하의 모습(사진: NASA)

불규칙은하의 모습(사진: NASA)

구조물을 갖고 있어서, 정확히는 '막대 나선은하'라고 한단다. 어쨌든 나선은하는 원반 모양을 하고 있으니까 지구에서 보는 우리의 시선에 따라 다르게 보이겠지? 우리와 정면을 향해 있으면 나선 팔들이 다 보이는 원반형으로 보이고, 옆면을 향해 있으면 납작한 피자처럼 보이는 거야.

 타원은하는 물론 타원형으로 생긴 거겠죠?

빙고! 타원은하는 원반이나 나선 팔이 없이, 구형이나 타원체 모양을 한 은하지. 은하 중 가장 늙은 은하란다. 나선은하나 불규칙은하가 서로 충돌하면 이런 타원은하가 만들어진다고 해.

우주에는 이외에도 모양이 뚜렷하지 않은 불규칙한 형태의 은하들도 많단다. 대표적인 것이 남반구의 밤하늘에 구름처럼 퍼져 있는 대마젤란은하와 소마젤란은하야. 16세기 스페인 탐험가인 페르디난드 마젤란이 세계 일주 항해를 하던 중에 발견한 거란다.

언젠가 저도 은하나 별을 발견해서 제 이름을 넣고 싶어요. 샛별은하, 멋있죠?

세상에서 가장 예쁜 이름인걸! 은하는 이처럼 다양한 꼴을 하고 있지만, 은하가 어떻게 탄생되며, 어떤 원인으로 모양이 결정되는지에 대해서는 아직까지 자세하게는 밝혀지지 않고 있단다. 샛별이 큰별이가 나중에 천문학자가 되어 그 원인을 밝혔으면 좋겠네!

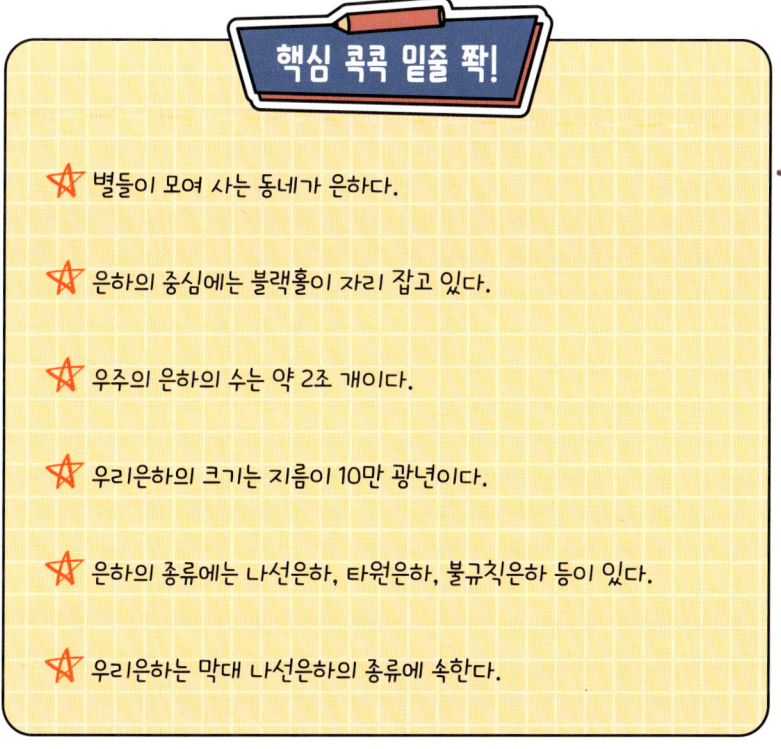

핵심 콕콕 밑줄 짝!

⭐ 별들이 모여 사는 동네가 은하다.

⭐ 은하의 중심에는 블랙홀이 자리 잡고 있다.

⭐ 우주의 은하의 수는 약 2조 개이다.

⭐ 우리은하의 크기는 지름이 10만 광년이다.

⭐ 은하의 종류에는 나선은하, 타원은하, 불규칙은하 등이 있다.

⭐ 우리은하는 막대 나선은하의 종류에 속한다.

한 걸음 더 나아가기

37억 년 후 우리은하와 안드로메다은하가 충돌한다!

우리은하에서 가장 가까운 이웃 은하는 16만 광년 거리에 있는 대마젤란은하예요. 우리은하의 20분의 1 크기인 이 은하는 초당 25km로 우리은하에 접근하고 있어, 25억 년 후에는 우리은하와 충돌할 예정이죠.

그뿐 아니라, 우리은하의 이웃인 안드로메다은하도 후에 우리은하와 충돌해요. 우리은하에서 약 250만 광년 떨어진 거리에 있고 우리은하보다 약 2배 이상 큰 안드로메다은하는 초속 120km로 우리은하를 향해 돌진 중이랍니다.

천문학자들이 허블 우주 망원경으로 관측한 결과, 약 37억 5천만 년 뒤 우리은하와 안드로메다은하가 충돌해서 합쳐질 거라고 발표했어요. 성미가 급한 천문학자들은 두 은하가 합쳐져 만들어질 은하의 이름까지 벌써 지어 놓았어요. 밀키웨이와 안드로메다를 합친 '밀코메다'라고요. 그때까지도 만약 지구에 사람이 살고 있다면 그들은 밀코메다은하의 주민이 되는 셈이죠.

그런데 은하끼리 충돌한다 하더라도 별들끼리 서로 박치기하는 일은 거의 없을 거예요. 별들 사이의 공간이 너무 넓어서 서로 비켜갈 가능성이 높거든요. 다만, 그때 우리 태양계가 어떻게 될지에 대해서는 아직 알 수 없다고 해요.

우리은하와 안드로메다은하의 충돌 상상도. 두 은하는 약 37억 년 후 충돌하여 합쳐져 '밀코메다은하'가 된다(사진: NASA).

5장

무시무시한 우주 괴물 블랙홀

🧒 할아버지, 지난번에 왔을 땐 여름방학이 막 시작이었는데 시간이 너무 빨리 흘러요. 다음주가 개학이에요….

👴 벌써 그렇게 되었니? 집 주변에서도 가을벌레 우는 소리가 꽤 들리는데 가을이 다가왔나 보구나.

👧 이제는 6시가 지나면 금방 어두워져요. 밝아서 좋았는데….

👴 허허, 가을 겨울이 지나면 다시 낮이 길어지니 너무 걱정하지 말렴. 다 순환하는 거란다. 가을이 되니 저기 페가수스자리, 안드로메다자리가 보이는구나.

👧 별자리는 참 예쁜 거 같아요.

👴 우리 눈엔 예쁜 별자리가 많지만, 그렇지 않은 이상한 별들도 있단다. 지난번에 잠깐 얘기한 블랙홀도 참 이상한 별이지.

🧒 무엇이든 다 빨아들이는 우주 괴물 블랙홀 말이죠?

👴 그렇지. 오늘은 블랙홀 얘기를 해 보자꾸나. 무시무시하지만 참으로 신비한 천체가 바로 블랙홀이야. 할아버지가 되도록 쉽게 얘기해 주마. 하지만 과학자들도 블랙홀에 관해선 아직 모르는 게 많단다.

무엇이든 집어삼키는 우주 괴물, 블랙홀

블랙홀 얘기를 하기 전에 로켓 얘기를 한 번 해 보자. 얼마 전에 누리호가 성공적으로 발사되었잖아. 로켓이 우주로 올라가려면 엄청난 추진력이 필요하단다. 지구의 중력이 로켓을 잡고 있는데 그걸 뿌리쳐야 하거든. 이걸 탈출속도라고 해. 지구를 탈출하려면 초속 11km의 속력이 필요하지.

이 탈출속도는 천체의 질량이 무거울수록 중력이 세져서 커지고, 가벼울수록 낮아진단다. 달은 지구 질량의 1% 남짓해서 탈출속도가 초속 2.4km밖에 안 된단다.

그럼 아주 가볍고 작은 소행성에서는 탈출하기가 더 쉽겠네요? 점프만 해서 우주 공간으로 날아갈 수 있겠어요!

물론이지. 그런 곳에 가서 덤블링을 한 번 하면, 우주 공간으로 영영 날아가 버리겠구나. 무섭지 않니?

저는 그런 데 가서 놀고 싶어요!

우주로 영영 날아가 버릴 텐데, 그래도 괜찮아?

오빠도 참, 끈으로 묶어 놓고 폴짝폴짝 뛰면 되지.

 참 재미있는 생각이로구나. 아마 언젠가 우주인들이 그런 실험을 할지도 모르지. 그럼 소행성과 달리 반대로 아주 무거운 천체에서는 어떻게 될까? 빛의 속도가 초속 30만km인데, 만약 어떤 천체의 탈출속도가 빛의 속도보다 높다면 빛마저도 탈출을 할 수 없게 되겠지?

그런 천체가 있어요?

그래서 처음엔 과학자들도 머릿속으로만 그런 천체를 상상했단다. 그리고 그런 천체에다 일단 블랙홀(Black Hole)이란 이름을 척 갖다 붙였지. 우리말로 해석하면 '검은 구멍'이라 하지. 하지만 그건 구멍이 아니라, 아주 괴상한 별이란다.

대마젤란은하 앞에 있는 블랙홀 상상도(사진: NASA).

🧑 구멍이 아니라 별이라고요?

👵 그렇단다. 블랙홀이 틀림없이 있을 거라고 믿던 과학자들은 우주 이곳저곳을 뒤지며 블랙홀 사냥에 나섰지. 그런데 정말 그런 천체가 있었지 뭐냐!

👧 눈에도 안 보이는 걸 어떻게 찾은 거예요? 슈퍼 능력을 가지고 있었나요?

👵 그런 슈퍼 능력이 있다면 좋겠지만 빛조차 내지 않는 블랙홀을 직접 눈으로 볼 수 있는 방법은 없지. 대신 블랙홀의 강한 중력이 주변에 미치는 영향을 통해 간접적으로 확인할 수 있단다.

어떤 별이 우주 속 어떤 지점을 돌고 있어. 그런데 그 주변을 아무리 찾아봐도 그 별에 중력으로 영향을 미치는 다른 별이 없는 거야. 그럴 때 '아하, 저 별이 우리 눈에는 안 보이는 블랙홀 주변을 도는구나'라고 추측하는 거지. 이렇게 ==별의 움직임을 연구하면 블랙홀의 존재를 밝힐 수 있단다.==

🧑 찾기가 쉽지는 않을 거 같아요. 눈에 보이지도 않는 걸 찾는 거잖아요.

👵 하지만 쉬운 방법을 알아냈단다. ==블랙홀은 강한 중력으로 가까운 별의 대기 속 가스를 빨아 당기기도 해.== 이때 빨려 들어

가는 가스가 높은 온도로 가열되면서 강력한 제트*와 X선을 내놓는데, 이 X선을 탐사하는 방법으로 블랙홀을 찾아낸 거지. 그런 방법으로 1972년 마침내 블랙홀을 발견한 거야. 겨우 반세기밖에 안 된 일이야.

그럼 그렇게 찾은 블랙홀은 어디에 있는 건가요?

바로 우리은하의 중심부에서 발견했단다. 이곳에 태양 질량의 430만 배가 되는 큰 블랙홀이 숨어 있었지.

할아버지, 지난번에 우리은하의 씨앗이 블랙홀이라고 했었잖아요. 그럼 그 블랙홀이 우리은하의 주인인 거예요?

그렇게도 볼 수 있지. 지난번에 말했다시피 엄청난 중력으로 우리은하를 꽉 잡고 있으니까.

요즘에는 여러 은하 중심 부분에서 태양보다 수억 배 더 무거운 블랙홀들이 존재한다는 사실도 밝혀졌단다. 크고 작은 블랙홀이 우리은하 내에 약 1억 개 정도 있을 것으로 보고 있어.

상상만 해도 무서운 블랙홀이 1억 개나 있다고요? 그런데 제대로 발견한 건 겨우 50년밖에 안 되었다니….

과학자들도 블랙홀에 대해 완전히 알고 있는 건 아니야.

---

* 제트: 가는 구멍에서 가스, 물 따위가 연속적으로 뿜어져 나오는 일 또는 그 분출물이에요.

주변의 물질을 닥치는 대로 집어삼키고 제트와 X선을 방출하는 블랙홀 상상도(사진: NASA).

블랙홀 연구를 열심히들 하고는 있지만, 워낙 수수께끼 같은 천체라 아직까지 모르는 것이 훨씬 더 많단다.

압축하고 압축하면 블랙홀이 만들어진다

 그럼 우리은하를 만든 블랙홀은 어떻게 만들어져요?

물질은 만유인력에 의해 모든 다른 물질을 잡아당기는 힘을 내. 이걸 중력이라고 해. 모든 물질은 중력을 갖고 있는데, 우주 공간에서 물질이 어떠한 이유로든 작은 공간에 압축되면 강한 중력이 발생해 주변의 물질을 끌어당겨 잡아먹고 점점 커지는 거지. 이렇게 ==물질이 엄청 압축된 나머지, 그 중력이 빛을 빨아들일 정도로 강해지면 블랙홀이 된단다.==

어떤 이유로 그렇게 압축되나요?

여러 가지 주장이 있지만 그중 하나로 일단 태양 질량의 수십 배 되는 큰 별이 마지막 순간에 초신성으로 폭발해. 이때 별의 중심부가 강하게 수축해 엄청난 밀도로 뭉쳐지는데, 수축의 정도가 심하면 빛도 탈출할 수 없는 고밀도의 천체가 되는 거지. 그게 바로 블랙홀이란다.

로켓이 지구의 중력을 이기고 우주로 탈출하려면 초속 11km

를 넘어야 한다고 했지? 그런데 블랙홀은 중력이 너무나 강해 초속 30만km인 빛조차 탈출할 수 없는 거지.

그럼 태양이나 지구도 꾹꾹 눌러 압축하면 블랙홀이 되겠네요? 손으로 찰흙 공을 꾹꾹 눌러서 단단하게 만드는 것처럼요.

태양은 현재의 지름 130만km가 6km가 될 때까지 압축되면 블랙홀이 될 수는 있어. 하지만 태양이 그렇게 될 가능성은 전혀 없으니까 안심해도 된단다. 지구는 사람 손톱만큼 압축돼야 블랙홀이 된다는구나.

이렇게 큰 지구가 우리 손톱만 하게 압축돼야 블랙홀이 된다니, 블랙홀은 태어나는 과정부터 정말 괴물 맞네요.

우주의 괴물이지. 무엇이든지 한번 끌려 들어가면 영원히 빠져나올 수 없는 블랙홀의 경계선이 있는데, 이것을 '사건의 지평선(Event Horizon)'이라 해. 이 선 안으로 떨어지면 블랙홀의 엄청난 중력에 꽉 붙잡혀서 그 어떤 것도 빠져나올 수 없단다. 영영 블랙홀의 세계에 갇혀 버리는 거지. 우주여행을 가게 되도, 블랙홀 근처에서 놀면 안 된단다!

> 블랙홀은 중력이 너무나 강해 초속 30만km인 빛조차 탈출할 수 없단다.

마침내 블랙홀 사진을 찍다!

🧑 그런데 애들아, 눈에도 안 보이는 우주 괴물 블랙홀을 마침내 촬영하는 데 성공했단다. 2019년 4월에 말이야. 불과 얼마 전이지. 이 사진을 보렴. 이게 바로 블랙홀의 모습이란다.

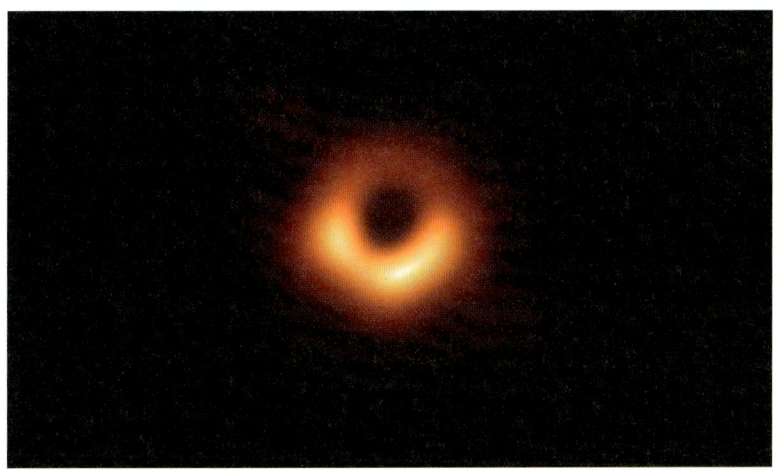

2019년 최초로 찍은 블랙홀 사진. 처녀자리A 은하 중앙에 있는 초대질량 블랙홀(사진: EHT).

🧒 이게 블랙홀이에요? 상상했던 것보다 작고 귀여워요. 맛있는 도넛 같기도 하고요.

🧒 블랙홀은 보이지 않는다고 했잖아요. 안 보이는 걸 어떻게 사진으로 찍어요? 심령사진도 아니고….

👨 허허 상상했던 모습이랑 다르지만, 가까이에서 보면 순식간에 빨려 들어갈 정도로 역동적으로 움직이고 있단다 샛별아. 큰별이 말대로 블랙홀은 우리가 볼 수도, 촬영할 수도 없는데, 연구 팀은 대체 어떻게 사진을 찍었을까? 블랙홀 그 자체를 촬영한 게 아니라, 블랙홀의 어두운 실루엣을 망원경으로 추적하여 사건의 지평선을 이미지화하는 데 성공한 거야.

이 블랙홀은 지구에서 무려 5500만 광년 거리에 있는 블랙홀인데, 그 먼 거리를 보기 위해 과학자들이 지구만 한 망원경을 만들었단다.

👧 지구만 한 망원경이요? 거짓말! 그런 망원경이 어디에 있어요?

👨 눈으로 보는 광학 망원경이 아니라 전파 망원경을 이용한 거야. 미국 애리조나, 스페인, 멕시코, 남극 대륙 등 세계 곳곳에 있는 8개 전파 망원경을 연결하면 지구 규모의 가상 망원경을 만들 수 있거든.

'==이벤트 호라이즌 망원경=='이라고 불리는 그 망원경으로 처녀자리 은하단에 속한 M87이란 타원은하의 중심에 숨어 있는 블랙홀을 잡아 낸 거지. 저 블랙홀은 크기가 지구-태양 간 거리의 100배가 넘는단다.

🙂 와, 블랙홀이 태양계를 잡아 삼키고도 남을 크기라니, 정말 멀리 멀리 떨어져 있어야겠어요.

😆 우주 괴물이라고 해서 처음에는 긴장했는데, 알면 알수록 신기해요!

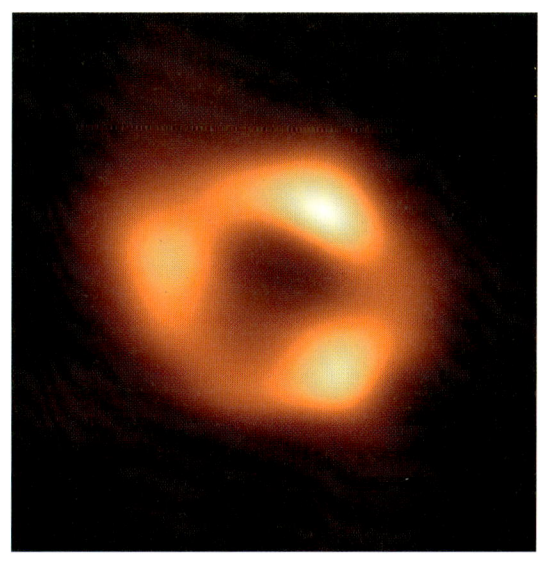

2022년 5월에 발견한, 궁수자리A*로 불리는 우리은하 중심부의 블랙홀 이미지(사진: EHT).

상상 이상으로
괴짜인 우주

🧔 이렇게 괴짜 괴물 블랙홀에 대해서 알아봤구나. 사실 우주에서는 블랙홀만 골치 아픈 게 아니야. 우주에는 더한 괴물도 있단다.

👦 블랙홀보다 더한 괴물도 있다고요? 블랙홀만으로도 괴상한데, 대체 얼마나 더 괴상한 거예요?

🧔 흠, 그것조차도 알 수 없을 정도란다. 천문학자들을 가장 골치 아프게 하는 괴짜들인데, 바로 암흑물질과 암흑 에너지란 거지.

<mark>암흑물질은 말 그대로 눈에 보이지 않는 물질이야.</mark> 빛과는 전혀 반응하지 않는단다. 사물은 빛을 내거나 반사해야 우리가 그 빛을 보고 존재를 알 수 있지. 그런데 암흑물질은 빛을 반사하지도 않을 뿐더러, 빛을 흡수하지도 않아. 암흑물질은 다른 천체를 통해서만 어렴풋이 알 수 있단다.

👧 우주는 알면 알수록 수수께끼 공간인 거 같아요. 과학자

들이 골치 아프겠어요.

 하하 그렇겠지? 암흑물질과 짝을 이루어 과학자들을 괴롭히는 암흑 에너지란 것이 또 있어. ==우주 안에는 정체불명의 암흑 에너지가 가득 차 있는데, 그 영향으로 우주가 더욱 빨리 팽창하고 있단다.== 우주가 팽창할수록 암흑 에너지는 비례해서 늘어나고, 또 그 영향으로 우주는 팽창하고···.

 그럼 한없이 커지겠네요?

 그럴지도 모르지. 우주에서 차지하는 비율을 보면, ==암흑 에너지가 74%, 암흑물질이 22%야. 별이나 은하를 만드는 보통 물질은 4%밖에 안 된단다.== 우리가 볼 수 없는 괴짜 물질로 이루어진 공간, 우주! 왜 수수께끼 공간이라고 하는지 이해가 좀 되지?

 으··· 어지러워요.

 샛별이가 머리가 지끈거리나 보구나. 우리 맛있는 아이스크림이나 먹으면서 기분을 달래자꾸나. 오늘 얘기한 블랙홀이나 암흑물질, 암흑 에너지는 과학자들도 다 이해하지 못하는 것들이니까, 너희도 그냥 이런 게 우주에 있구나, 정도로만 이해해도 된단다. 앞으로 학년이 올라가면 더 잘 이해할 수 있게 될 거야.

핵심 콕콕 밑줄 짝!

⭐ 블랙홀은 태양보다 수십 배 무거운 별이 죽어서 만들어진다.

⭐ 블랙홀은 너무나 중력이 강해 빛조차도 탈출할 수 없다.

⭐ 지구가 블랙홀이 되려면 우리 손톱 크기만큼 압축돼야 한다.

⭐ 우리은하 중심에도 큰 블랙홀이 숨어 있다.

⭐ 우주에서 암흑물질과 암흑 에너지가 차지하는 비중이 96%이며, 보통 물질은 4%밖에 안 된다.

우주는 알면 알수록 수수께끼 공간인 거 같아.

한 걸음 더 나아가기

내가 만약 블랙홀 안으로 떨어진다면?

블랙홀에 관해서 사람들이 공통적으로 가장 궁금하게 여기는 것은 만약 내가 블랙홀 안으로 떨어진다면 어떻게 될까 하는 점이에요. 무시무시한 상상이긴 하지만, 그만큼 궁금하기도 하죠.

가장 널리 알려진 이론은 스파게티화예요. 블랙홀 가까이 접근하자마자 모든 사물이 국수 가락처럼 길게 늘어져 버린다는 거죠. 중력은 거리가 가까울수록 커지니까, 블랙홀의 무서운 중력이 우리 몸의 각 부분에 작용하면서 힘의 차이로 인해 몸이 길게 잡아 늘어지기 때문이에요.

먼저 내 발이 블랙홀로 접근한다고 상상해 봐요. 그러면 블랙홀의 엄청난 중력이 머리보다는 발쪽에 더 강하게 작용하겠죠. 이 상황은 마치 두 대의 크레인이 내 머리와 발을 잡고 힘껏 끌어당기는 것과 비슷해요. 그래서 몸이 국수 가락처럼 길게 늘어나는 거죠.

블랙홀 안으로 떨어진 모든 물체는 이렇게 블랙홀 중심에 이르기 전에 국수 가락처럼 한없이 늘어지다가 마침내는 원자 단위로 분해되고 말 거예요. 정말 무시무시한 일이죠?

만일 블랙홀이 태양계에 들어온다면 어떤 일이 벌어질까?

블랙홀의 질량에 따라 우리 태양계 환경은 확실히 위협받을 거예요. 질량이 태양 정도인 블랙홀이라면, 지름은 불과 5km이지만, 행성들의 궤도를 무너뜨릴 뿐만 아니라, 몇몇 행성을 태양계로부터 완전히 쫓아내 버릴지도 모른답니다. 대도시 정도 크기인 지름 20km의 블랙홀이라면 태양계는 완전히 흩어져 버릴 겁니다.

블랙홀이 지구와 충돌한다면 어떻게 될까요? 블랙홀이 지구에 근접하면 먼저 지구의 대기를 빨대처럼 빨아들일 거예요. 긴 덩굴손처럼 뻗어 나간 대기가 블랙홀 속으로 소용돌이치며 빨려 들어가고, 블랙홀이 근접할수록 지구 위의 물체들도 점점 더 강한 블랙홀의 중력을 느끼겠죠.

이윽고 어느 시점에 이르면 블랙홀의 사건 지평선을 넘어서게 되고, 사람이나 지구의 모든 원자들이 낱낱이 분해되어 블랙홀 중심의 특이점으로 떨어져 내리고 지구 행성 전체는 종말을 맞을 거예요.

6장

우리가 사는
동네 이름은
'태양계'

휴, 가을이 되니까 밤에는 날씨가 추워졌어요.

달빛과 별빛이 태양처럼 따뜻했으면… 앗 할아버지, 저기 엄청 밝은 별이 하나 보여요!

허허 우리 큰별이 말을 듣고 샛별이 더 환하게 빛나는 거 같구나.

샛별? 저 말씀이세요?

샛별은 금성의 순우리말이란다. 태양계 행성에 무엇이 있지?

수성, 금성, 지구, 화성, 목성, 토성, 천왕성, 해왕성이요!

저는 아직 순서가 헷갈려요.

태양계 행성들을 공부하다 보면 순서를 외우는 건 식은 죽 먹기란다. 태양계는 우리가 사는 동네이기도 하니까, 블랙홀 이야기보다 더 쉽고 재밌는데 오늘은 태양계 얘기를 해 볼까?

네~ 좋아요!

우리가 사는 신비로운 동네, 태양계

태양계는 우리가 살아가는 동네야. 무척 아름다우면서도 신비로운 공간이란다. 태양계란 태양의 영향이 미치는 공간, 그리고 그 공간에 있는 천체를 통틀어 이르는 말이란다. 태양을 가장으로 하고, 지구를 포함한 여덟 개의 행성을 비롯해 수백 개의 위성, 수천억 개의 소행성*, 혜성 등등이 그 식구들이지. 대가족인 셈이야. 너희 나이는 10살 안팎이지만, 우리 태양계 나이는 무려 46억 살이야.

우주도 생일이 있으니까 태양계도 생일이 있겠네요? 태양계는 어떻게 태어났나요?

지금까지 과학자들이 알아낸 것을 간단히 얘기해 보마. 약 46억 년 전, 우리은하 한 변두리에서 태양보다 수십 배나 큰 별 하나가 대폭발을 일으켰어. 초신성 폭발이지.

---

* 소행성: 태양을 공전 궤도로 하여 돌고 있는 조그만 바위 덩어리 천체예요. 대부분 반지름이 50km 이하예요.

폭발의 강한 충격으로 인해 근처에 있던 엄청난 크기의 우주 먼지 덩어리, 성운**이 뭉쳐지기 시작했단다. 수소로 이루어진 이 원시 분자 구름의 이름은 태양계 성운이라 하는데, 지름이 무려 3광년이 넘는 크기였어.

3광년은 빛이 3년 동안 달리는 거리인데, 빛이 1초에 지구를 7바퀴 반 도니까… 계산이 안 돼요 할아버지.

허허 너무 어려워하지 말렴. 굉장히 큰 크기라는 거만 알

** 성운: 가스와 먼지 등으로 이루어진 우주의 분자 구름이에요.

면 된단다. 어쨌든 이 거대한 분자 구름이 중력으로 뭉쳐지면서 맴돌기를 시작했어. 구름은 회전할수록 점점 얇은 원반 모양으로 변해 가고, 회전 속도는 더 빨라졌어. 피겨 선수가 회전할 때 팔을 오므리면 더 빨리 회전하게 되는 거랑 같은 이치란다.

🧒 뺑뺑이 돌던 수소 구름은 어떻게 되었어요?

👵 그렇게 2천만 년쯤 뺑뺑이를 돌다 보니 수소 공으로 단단히 뭉쳐져 지금의 태양 크기가 되었단다.

😤 와, 저는 코끼리 코를 하고 10바퀴만 돌아도 어지러운데 2천만 년이나 돌다니….

🧑 듣기만 해도 어지럽지? 2천만 년쯤 돌자 공 중심부에 온도와 압력이 올라가기 시작했어. 지난번에 얘기한 별이 만들어지는 과정을 따라서, 이윽고 중심에서 수소 원자핵이 서로 충돌하여 헬륨 원자를 만드는 핵융합 반응이 일어나기 시작했단다.

이때 핵에너지가 만들어져 반짝 빛을 냄으로써 하나의 별이 탄생했고, 이것이 바로 태양이란다. ==태양도 다른 별들처럼 똑같이 핵에너지로 태어난 거지.==

태양계 나이는 무려 46억 살이란다.

한 글자 차이지만 너무나도 다른 항성과 행성의 차이

그럼 태양도 별이고, 지구도 별이고, 달도 별이네요?

정확히는 그렇지는 않단다. 금성을 샛별, 지구를 초록별이라고 부르기도 하지만 지구나 금성은 저 하늘의 별하고는 전혀 다른 천체란다. 보통 별이라고 하면 스스로 빛을 내는 천체, 곧 태양과 같은 항성을 가리킨단다. 금성이나 지구는 행성이라고 하지.

별을 넣어서 부르다 보니까 모든 게 다 별이라고 생각했어요.

지구나 금성의 빛은 햇빛을 받아 반사하는 빛이란다. 특히 금성은 지구에 무척 가까우니 그렇게 밝게 보이는 거지. 이 참에 금성에 관해 재미있는 얘기를 하나 하마. 요즘은 금성이 새벽 동쪽 하늘에 뜨는데 이 금성을 샛별이라 하고, 저녁에 서쪽에서 뜰 때는 개밥바라기라고 한단다.

 개밥바라기요? 그게 무슨 뜻이에요?

금성이 저녁에 뜰 무렵이면, 개에게 밥을 줄 시간이 되었다고 해서 우리 조상님들이 이런 이름을 붙인 거지. '바라기'는 작은 그릇이란 뜻이야. 하늘에 뜬 개 밥그릇. 참 재미있는 이름이지?

웃기고 재치 있는 이름이에요. 우리 집 몽이한테 밥을 줄 때 "개밥바라기 시간이다!" 하고 줘야겠어요!

웃기지? 그렇게 밝은 금성도 태양이 있어야 빛나지. 우리가 사는 태양계라는 동네의 이장님은 말할 것도 없이 태양이야. 왜냐하면 바로 <mark>태양계에서 유일하게 스스로 빛을 내는 존재, 즉 항성이라는 특권</mark> 때문이지.

저 빛이 없으면 우리는 어떻게 되나요?

빛을 낸다는 것은 무슨 뜻일까? 유일한 에너지원이란 뜻이야. <mark>태양계에서 유일하게 에너지를 생산하는 물주인 거지. 태양이 빛을 내지 않는다면 이 넓은 태양계 안에 인간은커녕 바이러스 한 마리 살 수 없어. 지구에 존재하는 거의 모든 에너지, 곧 수력, 풍력까지 태양으로부터 나오지 않는 것이 없지. 태양은 살아 있는 모든 것들의 어머니란다.</mark>

보통 별이라고 하면 스스로 빛을 내는 천체를 가리킨단다.

난리 북새통이었던 원시 태양계

👧 할아버지, 그럼 지구는 언제 태어났어요?

👴 46억 년 전 큰 수소 구름이 회전하면서 태양이 태어났을 때 금성이나 지구와 같은 행성들도 함께 생겨났단다. 태양계 탄생에 관한 이 이론을 '성운설'이라 해. 그러니까 태양과 지구의 나이는 46억 살로 동갑인 셈이지.

 지구는 단단한 땅이잖아요. 이 땅은 어떻게 생긴 거예요?

👴 좋은 질문이구나. 금성이나 지구 같은 행성이 만들어지는 건 더욱 극적이란다. 태양계가 만들어지던 초기에는 얼음 덩어리, 우주 바위, 소행성, 미행성들이 사방으로 날아다니며 서로 부딪치는 등 온통 난리 북새통이었어. 이때를 소행성 폭격 시대라 하지.

달을 보면 많은 운석 구덩이들이 보이지? 이게 당시에 소행성을 엄청 맞았다는 증거란다. 지구는 비바람의 영향으로 거의 메워져 버렸지만, 달에는 그대로 남아 있는 거야.

🧒 저번에 할아버지가 망원경으로 보여 준 달을 보니까 온통 울퉁불퉁 패인 자국 투성이였어요. 그게 다 운석으로 얻어맞은 자국이었네요. 엄청 아팠겠는걸요?

👴 그 흔적을 운석 충돌구나 크레이터라고 한단다. 이렇게 초창기 태양계에는 수많은 작은 천체들이 사방으로 날아다니며 서로 박치기를 했지. 그래서 뭉쳐져 덩치가 커지기도 했단다. 지금은 태양계 행성이 여덟 개지만, 그때는 행성이 스무 개나 되었다고 해. 그렇지만 시간이 지나면서 서로 뭉쳐지기도 하고 깨지기도 해서, 지금의 여덟 개 행성으로 정리된 거야. 초창기의 지구는 하도 많은 충돌이 일어나 불덩어리였단다. 그게 시간이 지나면서 점점 식어서, 생명체가 살 수 있는 적합한 온도로 맞춰진 거지.

👧 그때 지구에 살았더라면… 으으 정말 무서웠을 것 같아요.

👴 그랬을 거야. 그때는 지구에 아무것도 살지 않았단다. 그 후 오랜 시간이 지난 뒤에야 바다가 만들어졌고, 바다에서 생명체가 발생했지. 그리고 이윽고 지성을 가진 인류가 출현하기에 이른 거고!

회전하는 성운 속에서 원시 행성이 탄생하는 상상도(사진: NASA).

👵 46억 년 전, 이런 혼란과 격동을 겪으면서 태어난 태양계에서 지금 너희가 살고 있는 거란다. 우주의 역사 138억 년을 1년이라 친다면, 태양계가 생긴 것은 9월 초쯤이고, 인류가 나타난 시간은 12월 31일 23시 54분이야. 정말 최근 일이지?

👦 우주 시계로 따지면 인간의 역사가 겨우 6분밖에 되지 않았다니, 우주의 시간이 새삼 엄청 길게 느껴져요.

소행성과 혜성들의 고향

🧒 할아버지, 태양계 하니까 지난번에 엄마 아빠랑 본 지구 멸망 영화가 떠오르는데, 엄청 큰 소행성이 충돌하는 영화였어요. 소행성은 뭐예요?

👴 소행성이란 말 그대로 작은 행성이란 뜻이야. 대부분 화성과 목성 사이에 있는데, 이곳을 소행성대라고 부른단다. 다른 소행성들은 더 먼 태양계 가장자리로 내몰려갔지.

태양계의 가장 먼 가장자리로 몰려난 소행성들은 모여서 카이퍼 벨트와 오르트 구름이라는 소행성 띠를 만들었단다. 지금도 가끔 지구 근처로 오는 혜성들은 바로 그곳에서 출발한 얼음 덩어리란다.

🧒 그럼 소행성이랑 혜성이랑 같은 건가요? 둘의 차이가 뭐예요?

👴 소행성이 때로는 태양 인력에 끌려서 제자리를 벗어나는 경우가 있단다. 그러면 그 소행성은 태양 둘레를 돌게 되는데,

2020년 7월 지구를 찾아온 네오와이즈 혜성. 강화도 계룡돈대에서 찍었다(사진: 김현우).

유성의 모습(사진: 위키미디어).

그걸 혜성이라 하지.

🧒 그렇구나. 얼마 전에 TV에서 혜성을 봤어요. 긴 꼬리를 달고 있는데 참 신기했어요.

👩 그렇지. 지구에 떨어지는 별똥별은 그 혜성들이 지나가면서 흘린 우주 암석 부스러기들이 떨어지면서 대기와 마찰로 불타는 거란다. 유성이라고도 말하는데, 그중 너무 커서 타다가 땅에 떨어지는 것을 운석이라 하지. 그리고 별똥별들이 한꺼번에 수없이 떨어지는 것은 유성우라 하고.

🧒 별똥별을 보고 소원을 빌면 이루어진대요…. 어? 저기 마침 별똥별이 떨어지고 있어요!

새별아 얼른 소원 빌어! 할아버지도요!

휴~ 가족 모두 건강하고 할아버지가 맨날 별 구경 시켜 주게 해 달라고 빌었어요!

할아버지가 그 소원은 꼭 들어주마! 혜성과 별똥별 이야기를 하니 저렇게 주인공이 직접 나타났구나. 혜성은 보통 아주 길쭉한 타원 궤도로 태양계를 돈단다. 그렇기 때문에 지구에 몇십 년 만에 오는 것도 있고, 몇만 년 만에 오는 것도 있지. 그런 걸 보면 태양계도 엄청 넓은 거지.

몇만 년이라니, 어휴~ 상상이 안 가요.

그러니까, 해왕성 바깥으로도 태양계가 한없이 멀리 뻗어 있다는 거야. 1977년 지구를 떠난 보이저 1호 우주선이 초속 17km로 엄청 빠른데, 그런 보이저 1호가 태양계를 벗어나 별들 사이의 우주 공간으로 진출하는 데는 무려 40년이 걸렸단다.

지구와 일곱 개의 행성 친구들

🌙 할아버지, 태양계에는 태양도 있고, 소행성도 있잖아요. 지구랑 똑같은 행성도 있었으면 좋겠어요!

👴 허허, 지구와 비슷한 행성이 있는지 찾으려고 과학자들이 노력 중이지. 그런 행성을 찾으면 나중엔 거기로 이사를 갈 계획도 있거든. 하지만 아직까지 태양계 행성 중에서는 지구처럼 생명이 있는 행성을 찾지는 못했구나.

🌙 에이, 아쉬워라. 지구 밖에서 사는 친구들을 만나 보고 싶었는데.

👴 샛별이가 다 컸을 때는 그런 곳을 찾을지도 모르겠구나. 똑같지는 않지만 그래도 지구와 형제 격인 태양계 행성 가족이 총 여덟 있잖니. 샛별아, 그럼 문제 하나. 지구를 도는 여덟 개 행성의 이름은?

🌙 이제는 외웠어요. 수금지화목토천해!

👦 태양에 가까운 순서대로 '수성-금성-지구-화성-목성-토

성-천왕성-해왕성'이죠 훗!

잘 외웠구나. 이 행성들은 태양을 중심으로 짧게는 88일, 가장 길게는 165년을 주기로 돌고 있단다. 그런데 태양을 중심으로 돌고는 있지만, 행성들의 성격은 다 달라. 행성을 나누는 기준들이 여러 개 있는데 첫 번째, 지구를 기준으로 수성과 금성은 내행성이라 하고, 화성부터 해왕성까지는 외행성이라고 한단다.

두 번째, 특성에 따라 역시 두 가지로 나뉘지. 수성, 금성, 지구, 화성을 한 편으로 지구형 행성이라고 해. 지구처럼 다 바위로 된 행성이거든. 나머지 목성, 토성, 천왕성, 해왕성은 기체로 된 행성들인데 이들을 목성형 행성이라 한단다. 특이한 점은 목성형 행성들은 모두 고리를 가지고 있다는 점이지.

두 반으로 나눠지네요. 1반 반장은 지구, 2반 반장은 목성이네요.

지구의 위치를 기준으로
- 내행성 : 수성, 금성
- 외행성 : 화성, 목성, 토성, 천왕성, 해왕성

특성에 따라서 ─ 지구형 행성 : 수성, 금성, 지구, 화성

목성형 행성 : 목성, 토성, 천왕성, 해왕성

위에서부터 수성, 금성, 지구, 화성은 암석형 행성이고, 목성, 토성, 천왕성, 해왕성은 가스형 행성이다(사진: NASA).

거리는 맞지 않지만 크기 비례는 비교적 정확한 태양계 상상도(사진: NASA).

 지구형 행성(암석형 행성)은 지구와 비슷한 크기와 질량을 가지고 있고, 밀도가 높아. 반대로 목성형 행성(가스 행성)은 질량이 지구의 15~318배나 되지만, 밀도는 지구형 행성의 20%에 지나지 않아. 토성 같은 가스 행성은 물보다도 비중이 작아 토성보다 큰 욕조에 담근다면 물에 둥둥 뜰 정도란다.

 그런 큰 욕조를 만들어서 집어넣어 볼래요!

에이, 진짜로 그렇게 큰 욕조를 만들 수가 있을까?

지구의 인류는 우주 속의 외로운 존재

🧓 토성을 담을 욕조를 생각하니 막막하지? 엄청 커야겠다고 말이야. 하지만 그 토성도, 그리고 행성 중에서 제일 큰 목성도 태양에 비하면 아무것도 아니란다. 이 <mark>태양계 전체 질량 중에서 태양이 차지하는 비율은 무려 99.86%나 된단다.</mark> 정말 욕심쟁이 태양이구나. 그렇지?

🧒 태양이 그렇게나 많이 차지해요? 그럼… 나머지 0.14%는 뭐예요?

🧓 여덟 행성과 수많은 위성 및 수천억 개에 이르는 소행성 등을 모두 합한 크기란다. 그래도 0.14%밖에 안 된다는 거지. 그러니까 우리 지구는 뭐랄까, 엄청 큰 빵에 붙어 있는 부스러기 하나 정도랄까?

👧 지구가 그렇게 작은 곳이라니, 전 우리 동네도 너무 크다고 생각했는데.

🧓 그게 바로 우리 태양계의 현실이란다. 우리 80억 인류가

아웅다웅하며 붙어사는 지구라는 행성은 태양계에서 아주 작디작은 부스러기 하나에 지나지 않는 거지. 너희나 할아버지는 그런 티끌 같은 지구 위에서 살고 있는 거고.

그래서 할아버지는 밤하늘의 별을 보면 지구에 붙어사는 우리 인류가 우주 속에서 참 외롭구나 하는 생각을 하게 된단다. 그러니 너희들도 엄마 아빠가 외롭지 않게 많이 사랑하고, 주위 사람들에게도 잘해 줘야 한다. 알겠지?

 모든 사람들이 외롭지 않게 해 줄 거예요!

핵심 콕콕 밑줄 쫙!

⭐ 지구를 비롯하여 태양계의 모든 천체들은 태양을 중심으로 돈다(지동설).

⭐ 태양계는 약 46억 년 전 태양계 성운으로부터 생겨났다.

⭐ 항성은 스스로 빛을 내는 별이고, 행성은 항성 주위를 공전하는 천체다.

⭐ 태양계에서 태양이 차지하는 비중은 99.86%이다.

⭐ 지구의 모든 생명체는 태양의 에너지로 살아간다.

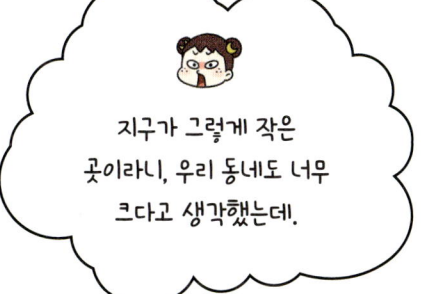

지구가 그렇게 작은 곳이라니, 우리 동네도 너무 크다고 생각했는데.

행성반에서 낙제한 명왕성

어린이 친구들은 행성을 '수금지화목토천해'로 배웠죠. 하지만 부모님, 사촌들 중에는 '수금지화목토천해명'으로 배웠던 분들이 많을 거예요. 원래 행성은 이렇게 9형제였답니다. 하지만 2006년, 막내인 명왕성이 왜소행성으로 분류되어 행성반에서 쫓겨남으로써 8개로 줄어들었죠.

명왕성은 1930년 미국의 가난한 고학생 출신 천문학자인 클라이드 톰보에 의해 발견되었어요. 하지만 발견된 지 100년도 안 되어 행성에서 탈락했답니다. 그 이유는 순전히 명왕성보다 큰 '에리스'라는 왜소행성이 발견되었기 때문이에요. 행성반에서 쫓겨나 '134340 플루토'라는 이름을 얻은 명왕성은 카이퍼 띠에 있는 왜소행성으로, 에리스에 이어 두 번째로 커요. 암석과 얼음으로 이루어져 있으며 달에 비교하면 질량은 6분의 1이고, 부피는 3분의 1 정도예요.

국제천문연맹에서는 명왕성을 계기로 행성의 조건을 재정의했어요.

1. 태양의 주위를 돌고 있어야 하며, 자신의 중력으로 둥근 구체를 형성할 정도가 되어야 한다.

2. 천체 자신의 공전 궤도상에 있는, 자신보다 작은 '이웃 천체를 흡수하여 합쳐야' 한다.

한때 명왕성이라는 이름으로 행성에 포함되었던 134340 플루토의 모습. 탐사선 뉴호라이즌스가 2015년에 스쳐 지나면서 찍었다 (사진: NASA).

다정한 형제 지구와 달

할아버지, 추석이 되니까 산이 온통 단풍이에요.

맛있는 송편을 먹으면서 너희들이랑 밤하늘을 보니까 즐겁구나. 저기 보름달도 아주 환하게 떠 있고 말이야. 항상 추석 당일에는 보름달이 환하게 뜨거든.

보름달은 속이 꽉 찬 찐빵 같아요. 보름달은 다시 점점 작아지잖아요. 작아져서 초승달이 되면 빵을 크게 한 입 베어 문 거 같고요!

큰별이 말대로 달은 시간이 지날 때마다 홀쭉해졌다 빵빵해졌다 하지. 지구와 달은 아주 다정한 형제란다. 이런 마음으로 지구와 달을 살펴보는 것도 재미있을 거야.

지구가 오빠고 달이 동생이겠네요. 저 달은 어떻게 생긴 거예요?

음, 달을 얘기하려면 먼저 지구의 탄생에 대해서 이야기해야겠구나. 오늘은 우리가 살고 있는 이 지구와 지구의 하나뿐인 동생, 달에 대해 이야기해 보자꾸나.

토성 탐사선 카시니 호에서 찍은 지구-달 사진. 캄캄한 우주공간에 달이 겁 많은 동생처럼 지구에 바짝 달라붙어 있다(사진: NASA).

오늘은 우리가 살고 있는 이 지구와 지구의 하나뿐인 동생, 달에 대해 이야기해 볼까?

수많은 충돌 끝에 탄생한 지구

먼저 지구가 어떻게 탄생했나 하는 것부터 살펴봐야겠구나. 지난번 태양계 이야기를 할 때도 잠깐 했지만, 지구는 약 46억 년 전 태양계가 만들어질 때 같이 생겨났지.

태양계 초창기에는 태양을 둘러쌌던 가스와 먼지들이 빠르게 뭉쳐지기 시작해 지름이 몇 km 정도 되는 미행성*들이 엄청 많이 생겨났어.

물질은 크게 뭉쳐질수록 중력이 강해져 다른 것들을 끌어당겨 더욱 크게 뭉쳐지려는 성질이 있다고 했지? ==미행성들이 서로 부딪치고 합쳐지면서 이윽고 행성의 씨앗이 되었고, 점점 더 덩치를 키워서 마침내 원시 지구가 만들어졌단다.==

처음에는 작았던 것이 눈덩이처럼 점점 커진 거네요.

태어날 당시 원시 지구는 지금 지구 크기의 약 절반쯤 됐단다. 샛별아, 지구의 첫 모습은 어땠을까?

---

* 미행성: 태양계 형성 초기에 존재했다고 생각되는 아주 작은 천체예요.

음, 지금은 푸른 바다가 있지만 옛날에는 어두컴컴했을 거 같아요.

어두컴컴한 것보다도 더 심했단다. 지금과는 딴판이었지. 지구를 들이받은 미행성들이 가지고 있던 수증기가 하늘을 온통 뒤덮고 지구는 벌겋게 달아올랐었단다. 지구 표면의 암석들이 용암처럼 녹아, 온통 '마그마의 바다'를 만들었지.

이런 판에 화성만 한 행성이 날아와 부딪쳤으니, 지구의 물질은 죄다 뒤섞이게 되었지 뭐야. 지구의 핵이 니켈과 철로 되어

1972년 12월 7일, 달로 항하던 아폴로 17호 승조원들이 찍은 지구. '푸른 구슬'이라는 뜻의 '블루마블(The Blue Marble)'이라는 이름으로 천체 사진 역사상 가장 유명한 사진이다(사진: NASA).

있는 것은 이때 무거운 금속 성분들이 아래로 가라앉았기 때문이란다.

엄청난 난리 속에서 지구가 지금처럼 커진 거네요!

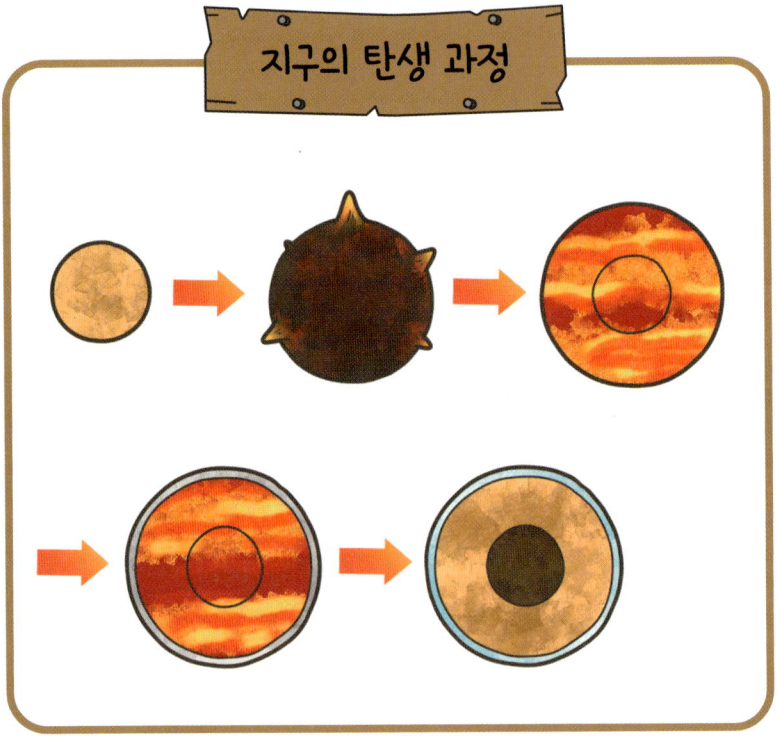

🧓 다행히 시간이 약이라는 말처럼 오랜 시간이 흐르자 마그마는 식어서 단단한 땅이 되었고, 지구는 바위 행성이 되었단다. 그리고 태양계 안에서 태양으로부터 수성, 금성 다음으로 세 번째 행성 궤도에 안정된 거야.

👧 그럼 지구는 태양에서 얼마나 먼 곳에 있는 거예요? 태양이 저렇게 작으니까 엄청 멀리 있겠죠?

🧓 허허, ==지구는 태양으로부터 약 1억 5천만km 떨어져 있단다.== 그래서 하늘에서 태양이 축구공만 하게 보이는 거지.

👦 1억 5천만km라니, 감이 잘 안 와요. 얼마나 먼 거예요?

🧓 예를 들면, 우리가 타고 다니는 차를 시속 100km로 쉬지 않고 달린다면 태양까지 170년이 걸린단다. 1초에 30만km 달리는 빛으로는 8분 만에 갈 수 있어. 그러니까 우리가 보는 태양 빛은 8분 전에 태양에서 출발한 빛인 셈이지.

👧 170년이라니, 그렇게 운전을 하면 아빠가 엄청 힘들어할 거 같아요.

지구가 생명의 행성인 이유, 물과 대기

🧑‍🦳 이 거리가 참 중요하단다. 태양의 에너지를 적당히 받아 물이 액체로 존재할 수 있는 거리거든. 이보다 태양에 더 가까우면 물이 다 증발하고, 멀면 얼어 버리는 거지. 그러면 생명체가 살 수 없는 행성이 되는 거란다.

👧 정말 아슬아슬하게 있는 거네요!

👦 그럼 우리가 마시는 물은 어디서 온 거예요? 물이 있어야 생명체가 존재할 수 있잖아요.

🧑‍🦳 먼저 우주에서 물이 언제 생겼나를 알아보는 게 중요하지. 물 분자들은 원래 태양과 행성들을 만든 가스와 먼지 원반에 포함된 물질이었단다. 그러니까, <mark>태양이나 지구, 수많은 소행성들보다도 물이 먼저 만들어져 있었던 셈이지.</mark>

👧 우리가 마시는 물이 태양이나 지구보다도 오래된 거라고요?

🧑‍🦳 그렇단다. 물론 지금의 물은 지구가 만들어졌을 때부터

지구에 존재했던 건 아니야. 막 만들어졌던 원시 지구는 말했던 것처럼 벌겋게 달아올랐기 때문에, 모든 수분이 증발했거든. 그러다가 이후에 성분이 바위와 얼음으로 된 소행성들이 어느 정도 식은 원시 지구에 엄청나게 충돌하는 바람에 지구 표면의 3분의 2를 뒤덮는 바다가 만들어졌단다. 소행성들이 우리가 살 수 있도록 바다를 만들어 준 셈이지.

🧒 소행성이 충돌하면 항상 지구가 멸망한다는 이야기만 알았는데, 소행성 덕분에 물이 생긴 거라니, 갑자기 소행성이 고마워요.

👴 그렇다고 소행성이 갑자기 또 부딪히진 않았으면 좋겠구나. ==이렇게 만들어진 바다는 지구 표면을 71%나 뒤덮고 있어. 바닷물의 양은 지구 모든 물의 97%를 차지한단다. 육지의 큰 호수나 강, 남북극의 빙하, 동식물 등의 물을 다해 봐야 3%밖에 안 되는데 말이야.==
자, 이렇게 생긴 =='바다'가 태양계의 여덟 행성 중 지구의 가장 뚜렷한 특징==이란다. 바다가 있기에 생명체가 나타났고, 또 거기서 진화한 우리 인류가 지금처럼 문명을 일구며 살아가고 있는 거지.

🧒 물이 없으면 어떤 생물도 살아갈 수 없구나.

그럼! 생물은 60% 이상이 물로 이루어져 있어. 우리 몸도 67%, 딱 3분의 2가 물이야. 물은 모든 생명의 근원이지!

이런 물과 함께 우리에게 꼭 필요한 게 하나 더 있지? 바로 대기잖아. 잠깐만 숨을 못 쉬어도 살 수 없으니까, 대기 역시 엄청 중요한 물질이야.

대기는 어떻게 해서 만들어졌나요?

==대기는 원시 지구의 화산 활동 덕분에 만들어졌단다.== 화산 활동으로 인해 뿜어져 나온 이산화탄소 등의 가스가 오늘의 대기를 이루게 된 거거든.

소행성도 그렇고 화산도 그렇고, 좋은 일도 많이 하는구나.

그렇지. 이산화탄소와 수증기가 지구를 덮었는데 이것들은 온실효과*를 일으키는 기체야. 이 기체들로 인해서 두꺼운 구름층이 생겼는데 이 구름층은 공기 중의 수증기를 물방울로 변하게 했어. 그리고 산소와 같은 중요한 물질들이 대기에 머물도록 했지.

그때의 온실효과는 좋은 거였네요? 지금은 인간의 개발

---

* 온실효과: 대기 중의 수증기, 이산화탄소, 오존 등이 흡사 온실의 유리 같은 작용을 하여 지구 표면의 온도를 높이는 작용이에요. 특히 산업화가 진행되면서 이산화탄소가 많이 배출되어 지구 온난화의 주범으로 꼽혀요.

로 인한 온실효과가 지구를 위협하잖아요.

맞아. 만약 온실 기체가 없었다면 이때 생긴 많은 열이 모두 우주 공간으로 날아가 버렸을 거야. 그러면 지금처럼 푸른 지구가 탄생하지 않았겠지. 하지만 지금의 온실효과는 원시 지구의 온실효과랑은 전혀 다르단다.

그렇게 어렵게 태어난 지구를 위해서라도 환경을 보호해야 해요. 봄이 되면 엄마 아빠랑 나무를 심으러 돌아다닐 거예요! 나무가 많으면 공기를 정화할 수 있잖아요.

나도 나도! 나도 환경을 지킬 거야!

물이 없으면 어떤 생물도 살아갈 수 없구나.

지구가 기우뚱하다고?

지구를 생각하는 마음을 꼭 계속 가지자꾸나! 우리를 살 수 있게 해 준 지구와 바다, 대기의 탄생을 알아봤으니까, 이제는 우리가 살고 있는 지구가 얼마만 한 크기인지, 어떤 모양인지 살펴보도록 하자.

지구가 공처럼 둥글다는 것은 잘 알고 있지? 지구는 약간 배불뚝이란다. 위아래로 짜부라진 꼴을 하고 있는데, 지구의 자전 운동 때문이야. 몸통이 자꾸 옆으로 도니까, 원심력에 의해 그 쪽이 튀어나온 거란다.

아빠랑 똑같네요? 아빠처럼 많이 배불뚝이인가요?

아니, 적도의 지름이 0.3% 더 기니까 약간 그런 거지. 아빠보다는 훨씬 균형 잡힌 몸매구나 허허. 우리가 이 지구를 남북으로 한 바퀴 도는 거리는 4만km로 딱 떨어진단다. 그리고 지름은 약 12,700km란다. 서울에서 부산 간 거리의 300배야.

---

* 원심력: 원운동을 하는 물체가 중심 바깥쪽으로 나가려는 힘이에요.

엄청 큰 흙 공이지?

이처럼 큰 지구는 하루에 한 바퀴 자전한단다. 팽이처럼 빙빙 도는 이 자전 때문에 지구에는 낮과 밤이 생겨. 도는 팽이도 중심축이 있듯이 지구도 남극과 북극을 잇는 자전축을 중심으로 도는 거야.

🧒 그렇게 큰 지구가 팽이처럼 돈다니, 참 신기해요.

👩 그러니까 우리가 서쪽 산 너머로 지는 해를 보는 것은 사실 지구가 동쪽으로 돌기 때문에 그렇게 보이는 거란다. 해는 그 자리에 가만히 있는데 말이야.

👦 아하, 해는 가만히 있지만 지구가 스스로 돌면서 태양이 졌다가, 다시 나타났다가 하는 거였네요.

👩 지구는 자전 외에도 태양 둘레를 도는 공전 운동을 해. 1초에 30km씩 태양 둘레를 돌고 있단다.

그런데 지구의 자전축은 공전 면에 대해 똑바로 서 있지 않고 약간 기우뚱하게 서 있단다. 약 23.5도 기울어 있지. 이 23.5도의 기울기는 지구 표면에 햇빛을 받는 각도를 변화시켜 계절을 만들어 내는 거란다.

🧒 태양에서 가까웠다가 멀어져서 그런 게 아니었어요?

👩 지구의 사계절은 지구와 태양까지의 거리에 달린 게 아

니라, 태양의 고도, 즉 햇빛을 받는 각도에 따라 생기는 거라는 점을 꼭 기억해 둬야 한단다. 다 지구가 기우뚱하게 돌고 있어서 그렇지.

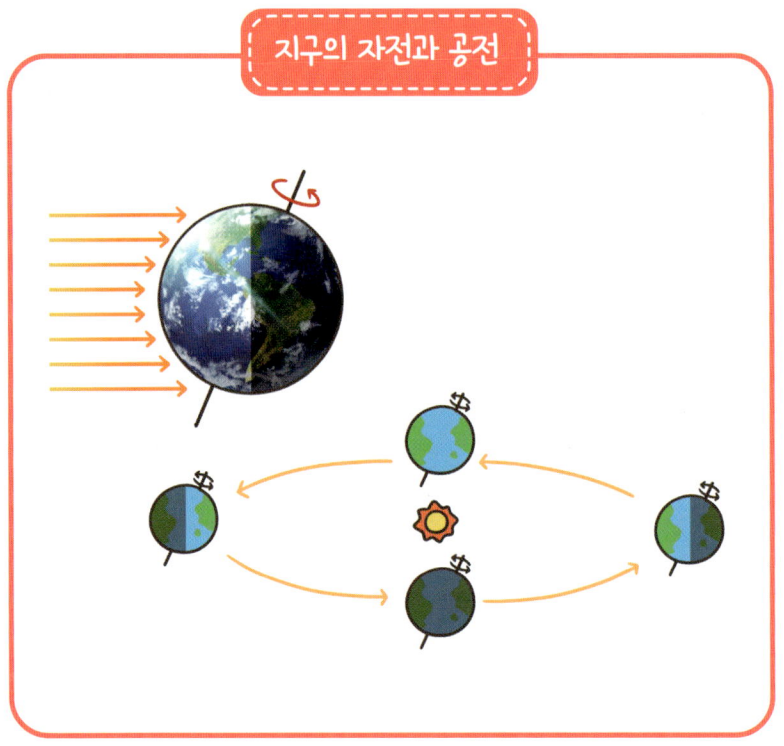

근데 할아버지, 지구가 그렇게 정신없이 도는데도 우리는 왜 하나도 안 어지러워요? 제자리에서 열 바퀴만 돌아도 어지러운데….

좋은 질문이야. 참 신기하지? 그건 말이야, 우리도 지구에 얹혀 같이 돌기 때문이란다. 만약 도로 위를 일정한 속도로 달리는 버스에 타고 있다고 생각해 보자.

바깥이 안 보이게 창문을 모두 커튼으로 가려 버리면 우리는 버스가 달리는지 안 달리는지 알 수 있는 방법이 없어. 버스에서 물병으로 물을 따라도 물은 항상 수직으로 떨어지지. 모든 물리법칙이 땅 위에서와 똑같이 작용한단다. 운동은 상대적이어야 느낄 수 있는데 우리가 버스와 같이 달리고 있기 때

문에 우리가 움직이는 걸 느낄 수가 없는 거야.

고속도로에서 내가 탄 차와 똑같은 속도로 옆 차가 달리면 그 차가 멈춰서 있는 것처럼 보이는 거랑 같은 이치란다.

돌고 있지만 도는 줄 모르다니, 그러니까 지구 위에 있으면서도 멀미를 안 하는 거네요!

지구를 수박처럼 쪼개면 뭐가 나올까?

 지구 겉을 살펴보았으니까 이제 지구 속을 살펴볼 차례네. 지름이 12,700km나 되는 이 커다란 흙 공을 할아버지가 한번 쪼개 볼까? 하나, 둘, 셋!

지구가 수박처럼 쪼개졌어요!

지구를 쪼개서 살펴볼까?

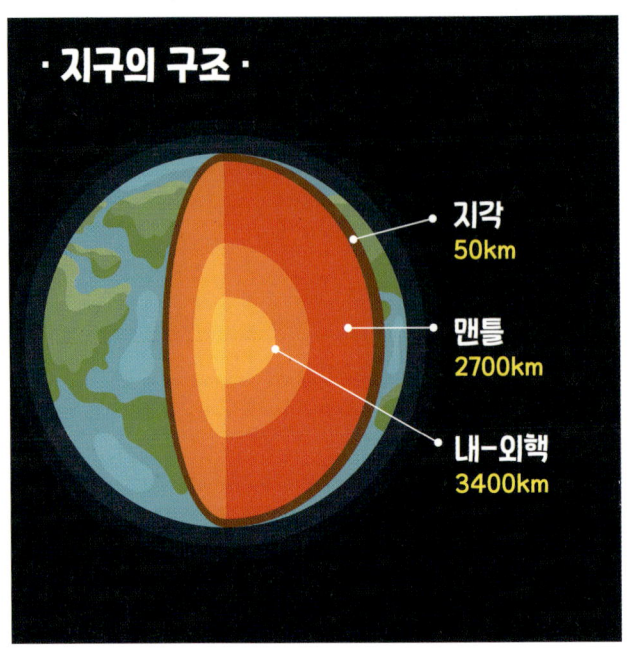

🧓 지구를 쪼갤 수는 없으니까 지구본을 쪼개서 살펴보자꾸나. 지구 속은 크게 네 개 층으로 이루어져 있단다. 가장 안쪽에 있는 것부터 내핵, 외핵, 맨틀, 지각 순서지.

👧 제일 바깥부터 살펴봐요. 지각이 뭐예요? 학교에 늦을 때 말하는 지각은 아닐 테고….

🧓 지각은 두께가 몇 십 km밖에 되지 않는, 지구의 껍데기란다. 그 지각 아래에는 맨틀이 있어. 맨틀은 일종의 바위로 되어 있는 층이지. 철이나 규산염 등이 주성분인데 맨틀은 지구

부피의 82%나 자지한단다.

 맨틀이 대부분이네요? 그럼 맨틀 아래가 외핵이에요?

 그렇지. 맨틀 아래가 지구의 핵이야. 지구의 핵은 지름이 무려 7천km로, 수성보다도 크단다. 90% 이상이 철이어서 밀도가 아주 높아. 외핵은 액체고 내핵은 고체라서, 고체인 내핵이 외핵 액체 속에 잠겨 있는 셈이지.

이중 내핵은 액체 속을 끊임없이 움직이는데, 여기서 지구 자기장을 만들어 무서운 태양풍*으로부터 지구 생명체를 보호해 준단다.

 지구 자기장이 없으면 우리도 못 사나요?

 당연히 못 살지! 자기장이 없으면 태양풍이 지구까지 날아와 강한 에너지로 생명체를 다 죽일 거야. 애초에 생명체가 생겨나지도 못했을걸. 이런 것들을 보면 지구는 우리가 살기에 알맞은 수많은 조건들을 갖춘 기적 같은 곳인 건 틀림없지? 우리는 이런 신기한 지구의 땅을 밟으며 살고 있는 거란다.

 지구는 이렇게 소중한 곳이었구나. 우리가 지구를 지킬게요, 할아버지!

---

* 태양풍: 태양에서 우주공간으로 내뿜는 전자, 양성자 등으로 이루어진 입자의 흐름이에요. 높은 에너지를 띠고 있어 생명체에 크게 해로워요.

한 걸음 더 나아가기

그 많던 공룡들은 왜 다 죽었을까?

공룡은 중생대의 쥐라기와 백악기에 걸쳐 2억 년 넘게 전 세계에서 크게 번성했던 파충류예요. 그 생김새, 크기, 먹성, 행동 양식 등이 아주 다양했죠.

크기 30㎝의 귀여운 공룡부터 무려 40m에 이르는 대형 공룡까지, 한때 1000종이 넘는 공룡들이 우리나라를 포함해 지구 곳곳에서 살았어요. 심지어 남극에도 공룡이 살았을 정도였답니다.

그런데 그 많던 공룡들이 어느 한순간에 비로 쓸어낸 듯이 지구 행성에서 사라지고 말았어요. 그 이유는 오랫동안 확실히 밝혀지지 않았지만, 최근 연구에서 소행성 충돌로 공룡이 멸종되었다는 이론이 거의 정설로 자리를 잡았답니다.

약 6600만 년 전인 중생대 백악기의 어느 날, 지금의 멕시코 유카탄반도의 칙술루브에 지름 10~15㎞의 소행성이 떨어졌어요. 에베레스트

산의 높이가 약 8.8㎞니까, 상상이 안 가죠? 이렇게 큰 소행성이 지구랑 충돌했으니, 지름 약 180㎞에 깊이 약 20㎞에 이르는 엄청난 구덩이가 패어졌어요.

 충돌의 여파로 소행성과 땅의 성분이 뒤섞여 높이 솟구쳐 올랐고, 바다에는 엄청난 해일이 일어나고 육지의 화산들도 대폭발을 했답니다. 성층권까지 올라간 엄청난 양의 먼지와 연기가 햇빛을 가로막아 지구의 온도가 크게 떨어지고, 그 결과 공룡을 포함한 당시 생물종의 약 75%가 멸종하기에 이르렀어요. 이것이 바로 백악기 제3기 대멸종이라고 불려요.

지구의 하나뿐인 변덕쟁이 동생, 달

🧓 그런 기적 가운데 또 하나 빼놓을 수 없는 것이 바로 달이란다. 만약 지금이라도 달이 사라진다면 인류는 멸종될 수도 있어.

👦 달이 그렇게나 중요했어요? 달 덕분에 밤에도 깜깜하지 않아서 다행이라고 생각했지만, 달이 없으면 우리가 죽는다니….

🧓 그럼, 달은 밤을 밝게 해 주는 것 이상으로 중요하단다. 달의 특징부터 차분히 알아보자. 달의 가장 큰 특징은 날마다 모양이 변한다는 거야. 달은 스스로 빛을 내는 게 아니라, 햇빛을 받아 반사한단다. 달이 날마다 모양이 바뀌는 이유가 바로 여기에 있단다. 달과 지구와 태양의 위치에 따라, 달 표면에 햇빛을 받는 장소가 지구에서 볼 때 달라지기 때문이지.

이것은 우리가 쉽게 확인해 볼 수도 있어. 촛불이나 전구 주위에서 야구공 같은 걸 움직여 보렴. 그럼 불빛과 공, 우리 눈의 위치에 따라 공의 밝은 부분이 달처럼 모양이 바뀐다는 것을 알 수 있지.

🙂 보름달은 동그란 달, 그믐달은 가장 얇은 달이죠? 또 뭐가 있더라….

🧓 샛별이 아주 똑똑하구나! 어떨 때는 보름달도 되고, 초승달도 되고, 이 외에 그믐달, 상현달, 하현달도 있지. 이렇게 ==달의 모양이 바뀌는 것을 '달의 위상 변화'라 한단다.==

🙂 달은 날마다 얼굴이 바뀌는 변신 마법사네요!

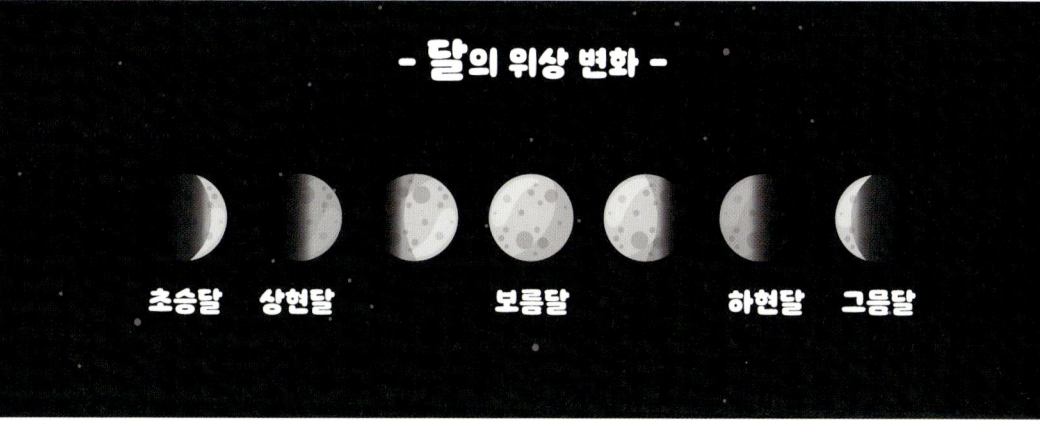

🧓 그렇지. 밤에 나타난다는 것도 마법사 같은 느낌을 더 주는구나. 더 신기한 건 이 모든 변화가 규칙적으로 한 달에 한 번씩 되풀이된다는 사실이야. 참 신기한 일이지. 한 달, 두 달 할 때의 '달'도 이 달에서 나온 거란다.

🧒 1월, 2월 할 때 '월'이 한자로 '달 월(月)'이잖아요. 그런 비밀이 있었네요?

👴 이렇게 알고 나니 정말 놀랍지? 늘 모양이 바뀌는 달이 원래의 모양으로 되돌아오기까지는 약 29.5일이 걸리는데, 이걸 '삭망월'이라 한단다.

🧒 달은 정말 변화무쌍한 것 같아요.

👴 그래서 달에 대해 잘 알아둘 필요가 있지. 달에 관한 가장 중요한 사실 딱 두 가지만 정리하고 넘어가기로 하자.

<mark>첫째, 달은 지구 둘레를 도는 단 하나뿐인 위성이다.</mark>

<mark>둘째, 달은 지구에서 가장 가까운 천체로, 해 다음으로 밝다.</mark>

🧒 그런데 할아버지, 왜 달은 동쪽에서 떠서 서쪽으로 지는 거예요?

👴 달이 동쪽에서 떠서 서쪽으로 지는 것은 지구가 자전하기 때문이라는 사실도 꼭 기억해 둬야지. 지구가 하루 동안 서쪽에서 동쪽으로 한 바퀴씩 도는 자전 운동을 하기 때문에, 우리 눈에는 마치 달이 동쪽에서 서쪽으로 움직이는 것처럼 보이는 거란다.

또 하나, 중요한 사실은 달이 날마다 50분씩 늦게 뜬다는 점이야. 그 이유는 달이 공전하기 때문인데, <mark>달은 하루 동안 15도</mark>

씩 공전해서 지구에서 반대편으로 가기 때문에 지구가 15도 더 자전해야 달이 보인단다. 이 15도만큼 이동하는 시간이 50분이지. 그래서 달이 그 전날에 비해 매일 50분씩 지각하는 거야.

많이도 지각하네요. 우린 그렇게 지각하다간 선생님한테 혼나요.

달의 뒷면을 볼 수 없는 이유

🧓 달에는 또 하나의 희한한 비밀이 있지. 지구에 있는 우리는 절대 달의 뒷면을 볼 수가 없어. 우리는 항상 토끼가 방아를 찧는 그림이 보이는 달의 앞면만을 볼 수 있을 뿐이야.

👦 맞아요. 할아버지 망원경으로 관찰하면, 모양은 바뀌지만 면은 똑같았어요.

👧 토끼가 정말로 살아서 그런 거야! 토끼는 항상 우리를 보고 싶어 하거든요!

🧓 물론 샛별이 말대로 토끼가 조종을 해서 그럴 수도 있겠구나 허허. 우리는 좀 더 과학적으로 살펴보자. ==달이 지구를 한 바퀴 도는 공전 주기는 27.3일인데, 자전 주기도 27.3일이란다.== 그래서 달의 한쪽 면만 볼 수 있는 거야.

👦 지구를 한 바퀴 도는 시간에 스스로는 겨우 한 번 돈다는 거예요? 어지간히 어지러운 게 싫었나, 왜 그렇게 게으른가요?

🧓 물론 달만 탓할 일은 아니란다. 알고 보면 그것도 형인 지구 때문이니까. 달의 공전 주기와 자전 주기가 똑같다는 것은 우연이 아니야. ==지구와 달은 서로 조석력*이라는 걸 주고받아. 하지만 지구가 달보다 80배나 더 무겁기 때문에 달은 지구의 조석보다 더 큰 영향을 받지. 그래서 달의 양쪽이 당겨져 펴진단다.==

이것이 결국 달의 자전 속도를 늦추고, 달이 지구로부터 점점 더 멀어져가게 해 이윽고 공전 주기와 자전 주기가 똑같아지게 된 거야.

👧 잘 모르겠어요. 어려워요.

👦 저도요. 중력까지는 알겠는데….

🧓 그래, 그럼 이렇게 이해하면 되겠다. 형인 지구가 달을 끌어당기는 힘이 너무 센 나머지, 달이 그만 지구에게 양 볼을 딱 잡힌 것처럼 되어 지구 쪽만 보면서 빙빙 돌 수밖에 없게 됐다고 말이야. 우리가 서로 두 팔을 맞잡고 빙빙 도는 것과 같은 꼴이지.

만약 큰별이가 샛별이를 너무 세게 끌어당기고 돌면, 샛별이는

---

* 조석력: 밀물, 썰물을 일으키는 달의 중력. 천체의 두 지점에 작용하는 만유인력의 차이예요.

오빠만 보고 같이 돌아야겠지? 오빠랑 같이 도는 게 싫으려나?

🙍 오빠랑 노는 건 좋지만, 너무 세게 끌어당기면 갑갑해서 싫어요. 달의 마음이 이해가 돼요.

👴 달이 좀 갑갑하겠지? 이렇게 되어 달의 공전 주기와 자전 주기가 같아지자, 달의 자전 속도도 더 이상 느려지지 않게 되었단다.

보름달과 비행기(과천에서 촬영). 달은 강한 지구 중력에 붙잡혀 앞면만 보이게 되었다(사진: 김경환).

🧓 물론 지구만 달에게 힘을 가하는 건 아니야. 하루에 두 차례씩 바닷물이 오르내리게 하는 힘을 조석력이라 하는데, ==달의 조석력은 지구의 바닷물을 밀거나 끌어당겨서 밀물과 썰물을 만든단다.== 지구의 바닷물을 하루에 두 번씩 올렸다 내렸다 하는 거지.

👦 달이 지구의 바다에 영향을 주는구나. 근데 바다 하니까 달에도 바다가 있는지 궁금해요.

🧓 바다라는 지명은 있지만 물은 없단다. 달 표면을 자세히 들여다보면 거무스레한 무늬가 보이지? 계수나무랑 토끼처럼 보이는 그 무늬 말이야. 그곳이 아주 평평한 지대라서 고요의 바다, 폭풍의 바다라는 이름으로 부르거든.

👦 물도 없는데 왜 바다라고 부르는 거예요?

🧓 그건 갈릴레오 갈릴레이 때문이란다. 갈릴레오는 망원경으로 달을 최초로 관측한 사람이야. 근데 망원경으로 보니 그곳이 평평하게 보여서 바다인 줄 착각했던 거지. 오랜 시간이 지나서야 바다도 물도 없는 걸 알았지만 그래도 '바다'라고 부르는 거란다.

대충돌이 달을 만들었다

🌙 할아버지, 저렇게 신비로운 달은 어떻게 만들어진 거예요? 지구의 유일한 동생이잖아요. 어디서 태어났나요?

👴 한번 달의 출생을 알아보자꾸나. 지구의 달은 다른 행성의 위성들에 비해 덩치가 엄청 큰 편이야. 그 이유는 달의 출생에 있단다.

==달은 지구에 다른 천체가 충돌하는 바람에 생긴 부스러기로 만들어졌어. 이 이론을 '거대 충돌설'이라 하는데, 말 그대로 어떤 거대한 것이 충돌했다는 뜻이지.==

🌙 크게 충돌하면 둘 다 깨지지 않나요? 지구가 어떻게 무사했나요?

👴 지구보다 작은 놈이 비스듬히 충돌하는 바람에 다행히 지구가 깨지지는 않았단다. 지구가 막 만들어진 직후, 약 45억 년 전에 화성만 한 크기의 천체가 난데없이 날아와서는 지구에 꽈당~ 하고 들이받았다는구나.

이름 붙이기를 좋아하는 학자들은 그 천체에다 '테이아'라는 멋진 이름까지 붙여 주었지. 테이아란 그리스 신화에서 달의 여신 셀레네의 어머니야. 그럴 듯한 이름이지? 그러니까 즉 테이아라는 천체가 지구에 충돌해서 셀레네라는 달을 탄생시킨 거지.

달은 약 45억 년 전 화성만 한 천체가 지구와 충돌해서 만들어졌다(사진: NASA).

달의 어머니가 따로 있었구나!

그 테이아가 초속 15km의 속력으로 달려와 지구를 들이받는 바람에 어마어마한 부스러기들이 날아다녔단다. 그중 우주 공간으로 튀어 날아간 부스러기들은 지구 주위를 도넛 모양으로 감싸고는 빙빙 돌다가 뭉쳐져 이윽고 달이 되었어. 달이 탄생했을 무렵에는 지금보다 훨씬 가까운 거리에 있었지. 지금은 지구와 약 38만km 떨어져 있단다. 지구를 징검다리처럼 30개쯤 늘어놓으면 닿는 거리야.

지금은 저렇게 조용히 떠 있는데, 큰일을 겪으면서 태어난 거였네요. 우주에서 태어난 친구들은 정말 놀라워요. 해도, 지구도, 달도요.

달은 지구에 다른 천체가 충돌하는 바람에 생긴 부스러기로 만들어졌단다.

달의 신체검사를 해 보자!

🙂 달과 친해지려면 달에 대해 좀 더 자세히 알아야겠는데, 달의 크기는 얼마나 되나요?

👵 ==달은 크기가 지구의 4분의 1밖에 안 된단다. 그러다 보니 중력도 6분의 1밖에 안 되지.== 지구에서 몸무게 60kg인 사람이 달에 가면 10kg밖에 안 된다는 뜻이야. 아폴로 우주선으로 달에 간 사람들이 무거운 우주복을 입고도 달에서 신나게 폴짝폴짝 뛴 것은 그 덕분이란다.

🙂 그럼 달에서 뛰어놀면 슈퍼우먼이 된 기분이겠네요? 우와, 엄청 재미있겠다!

👵 그렇겠구나. 평소에도 아주 가볍게 걸어 다닐 수 있으니까 무리도 없고 말이지. 하지만 대신 달은 낮에 아주 덥고, 밤에 아주 춥단다. 낮에는 기온이 110도까지 올라가고, 밤에는 영하 150도 아래로 떨어지지. 이래도 제대로 뛰어놀 수 있으려나?

🙂 잠시라도 있을 수 없을 거 같아요. 왜 그렇게 기온이 높

았다 낮은 거예요?

🧑 ==달의 가장 큰 특징은 대기를 만드는 공기가 없다는 거야.== 이게 지구와 가장 다른 점이지. 대기가 하는 중요한 일 중의 하나는 햇볕을 잡아 기온을 안정되게 하는 건데, 달은 대기가 없기 때문에 낮에는 엄청 더웠다가, 밤에는 엄청 추운 거란다. 알고 보면 이런 지옥이 없지.

🧒 100도에 물이 끓는다고 배웠는데, 110도면 바로 녹아 버리겠어요….

🧑 그뿐만 아니라 대기가 없으니 바람이 부는 일도 없어. 운석들이 떨어져 구덩이가 한번 패면 그대로 영원히 변하지 않는단다. 우리가 가서 발자국을 남겨 놓으면 몇 백만 년을 그대로 갈 거야. 운석이 떨어져 뭉개 놓지만 않는다면 말이야. 그래서 달 표면에 그렇게 구멍(크레이터)이 많은 거란다.

🧒 달에 구멍이 송송 뚫려 있는 건 아주 오래 전에 생긴 게 지금까지 남아 있는 거구나.

🧑 그렇지. 반면에 지구에 운석이 떨어져 구덩이를 판다면 얼마 안 가 비바람에 시달려 죄다 사라지고 말지. 그래서 원시 지구 때 엄청나게 많은 운석 포격을 받았지만, 지금까지 남아 있는 구덩이는 얼마 되지 않아.

참, 빠뜨려서는 안 되는 얘기가 하나 있네. 가끔씩 ==우주에서 날아온 운석들이 지구에 접근할 때가 있는데, 대개 문턱에서 달의 중력에 잡혀서 달로 떨어진단다.== 만약 달이 없다면 지구를 들이받을 가능성이 아주 많은 거지.

😀 지구를 지켜 주는 든든한 동생이었네요. 달이 그렇게 고마운 천체일 줄이야!

👴 만약 지름 10km짜리 소행성이 지구를 들이받는다면 지구의 거의 모든 동식물은 멸종을 피할 수 없을 거야. 그런 의미에서 달은 형인 지구를 지켜 주는 보디가드이기도 하지. 그러니까 앞으로 밤하늘에서 달을 볼 때는 고맙다는 인사를 꼭 하렴.

👧 그래야겠어요. 달아, 우리를 지켜 줘서 고마워!

달에 구멍이 송송 뚫려 있는 건
아주 오래 전에 생긴 게
지금까지 남아 있는 거구나.

달이 하는 중요한 일들

🧒 근데 태양은 우리한테 따뜻한 빛을 주잖아요. 달은 어떤 도움을 주나요? 아까 할아버지가 그러셨잖아요. 달이 없으면 우리 모두가 살 수 없다고요.

👴 <mark>첫째는 지구 자전축의 기울기를 달이 안정되게 잡아 줘서 지구의 계절을 만들고 있다는 거야.</mark> 지구는 23.5도 기울어져 있는 상태로 태양을 돈다고 했잖아. 만약 지구의 자전축이 수직이라면 1년 내내 기온 변화가 거의 없고 계절의 변화도 일어나지 않을 거야. 계절의 변화가 없으면 지구는 지금과 전혀 다른 모습이었겠지?

🧒 계절이 없는 게 상상이 안 가요.

👴 그뿐만이 아니지. <mark>지구의 바다에 밀물, 썰물 현상을 일으키는 일도 한다</mark>고 했지? 밀물 썰물이 쉼 없이 바닷물을 뒤섞어 줘서 바다를 건강하게 만들지. 밀물 썰물이 없다면 우리나라의 아름다운 갯벌도 없었을 거야.

🧒 우리 갯벌에도 달이 도움을 주고 있는 거구나….

👨 그밖에도 생물과 인간의 삶에 얼마나 큰 영향을 미치는가는 말하기가 힘들 정도야. 알면 알수록 달과 지구, 인간이 서로 얼마나 밀접한 관계를 맺고 있는가를 실감할 수 있지. 이런 사실들을 다 알면 달을 좋아하고 사랑하지 않을 수 없을 거란다.

🧒 저 달이 밤을 환하게 비추기만 하는 게 아니라, 여러 가지로 우리를 도와주고 있었네요. 저도 외롭게 떠 있는 달과 친구가 되어 주고 싶어요!

👨 자, 이제 달에 대해 마지막으로 중요한 사실 하나 더. 아마 깜짝 놀랄 거야. 좀 슬픈 이야기야.

앞에서 달이 지구의 밀물과 썰물을 만든다고 했었잖아? 그런데 밀물과 썰물이 생기면 그 물은 이동하면서 바다의 밑바닥과 마찰을 일으켜. 이것이 지구의 자전 에너지를 떨어뜨려 지구 자전을 조금씩 늦추는데, 그 비율은 10만 년에 1초 정도란다.

🧒 10만 년에 1초? 그건 없는 거나 마찬가지 아니에요?

👩 그렇진 않아. 지구의 자전이 느려지면, 그대로 달에게 옮겨가 달의 공전 속도가 느려지지. 그러면 달은 또 그만큼 지구로부터 멀어진단다. 과학자들이 조사해 보니, ==달이 지구에서 멀어지는 정도는 1년에 약 3.8cm==로 밝혀졌단다.

에개, 제 새끼손가락보다도 짧은데요?

 티끌 모아 태산이란 말 알지? 우주에서도 통하는 말이야. 3.8cm가 차곡차곡 쌓이다 보면 10억 년 후에는 3만 8천km가 되지. 지금 지구에서 달까지 거리의 10분의 1이나 되는 어마어마한 수란다. ==10억 년이 지나면 달이 목성의 인력 때문에 지구에서 떨어져 태양계 바깥으로 튀어나가든지, 태양 쪽으로 끌려가든지 할 거야.==

달이 없는 지구는 그럼 어떻게 될까? 달이 사라지면 지구의 자전축이 어떻게 기울지 알 수가 없단다.

 그럼 지구는 어떻게 되나요?

 만약 지구 자전축이 태양 쪽으로 기울어진다면 계절은 다 없어지겠지. 그리고 북극, 남극 빙하들이 다 사라져서 동식물의 멸종을 피할 수 없을 거야. 생각할수록 끔찍한 일이지.

 안 돼요! 저렇게 든든한 달이 지구 옆을 안 떠났으면 좋겠어요.

 슬프지만 그럴 수는 없단다. 만나면 반드시 헤어진다는 것이 우주의 법칙이야. 45억 년이란 긴 세월 동안 지구와 같이 껴안고 돌던 동생 같은 달도 언젠가 헤어져 각자의 길로 갈 거야.

너희도 지금 부모님과 친구들과 함께 즐겁게 생활하고 있지만, 언젠가는 다 헤어질 거야. 달과 지구에 비하면 정말 잠깐 같이 있다가 헤어지는 거지. 그러니까 지금 같이 있을 때, 곁에 있는 사람들을 더욱 따뜻하게 대해야 한단다. 알았지?

핵심 콕콕 밑줄 짝!

⭐ 지구는 태양 둘레를 도는 세 번째 행성이다.

⭐ 지구의 바다는 소행성이 가져다준 것이다.

⭐ 지구의 대기와 자기장은 해로운 태양풍으로부터 지구를 지켜 주는 방패 역할을 한다.

⭐ 지구의 달은 태양계 초기에 화성 크기의 행성이 지구와 충돌하여 만들어졌다.

⭐ 달은 강한 지구의 조석력에 붙들려 자전과 공전 주기가 같아져 지구에서는 앞면만 볼 수 있다.

⭐ 달은 해마다 3.8cm씩 지구로부터 멀어져 가고 있어 10억 년 후면 지구와 영원히 이별한다.

한 걸음 더 나아가기

일식과 월식은 왜 일어날까?

우주 공간에서 지구, 태양, 달이 일직선상에 나란히 있을 때는 한쪽을 가리는 식(蝕) 현상이 일어나요.

지구-달-해가 일직선을 이루면 달이 해를 가려서 일어나는 게 일식(해가림)이에요. 이때 달이 해를 완전히 가리면 개기일식, 일부분만 가리면 부분일식이 되죠. 그리고 타원 궤도를 도는 달이 지구에서 가장 멀어져 해의 가장자리가 반지처럼 보일 때를 금환일식이라 한답니다.

월식(달가림)은 태양-지구-달이 일직선상에 놓일 때 일어나요. 달이 지구의 그림자 안에 들어오는 현상으로 보름달 때만 일어나죠. 월식은 달이 지구의 본그림자 속에 들어갈 때 관측되는 개기월식과, 달이 지구의 본그림자와 반그림자 사이에 위치할 때 관측되는 부분월식으로 나뉘어요. 우리나라의 최근 개기일식은 2015년에 있었어요. 다음 개기일식은 2035년 9월 2일이랍니다.

개기일식의 모습.

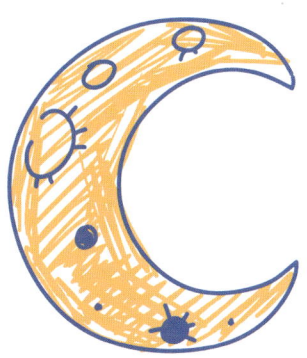

8장

별이 쏟아지는 우주로 가요~

🧒 하아아 추워라. 할아버지, 겨울이 되니까 산이 엄청 추워졌어요. 그래도 별이 잘 보여서 좋아요.

👴 뜨끈한 고구마 하나 먹으면서 별을 보자꾸나. 겨울은 습도가 낮아서, 별을 관측하기 제일 좋은 계절이란다.

🧑 할아버지, 우주는 얼마나 추울까요?

👴 글쎄, 우주에 맨몸으로 나갈 수는 없으니까 제대로 느낄 수는 없지만, 우주 비행사들이라면 우주의 온도를 간접적으로라도 느껴 봤을지 몰라. 전 세계의 수많은 우주 비행사들이 우주 공간에 머물러 있다 돌아오기도 하고, 지금도 나가 있지.

🧒 저도 언젠가 우주를 여행하고 싶어요!

👴 하지만 쉬운 일은 아니란다. 오늘은 우주여행에 대해서 이야기해 보자꾸나. 저 우주에 발을 디딘 사람들의 이야기를 들으면 우주에 더 가 보고 싶어질 거란다.

달아 달아 밝은 달아, 암스트롱 놀던 달아~

 큰별아, 혹시 달에 가장 먼저 내린 사람이 누군지 알고 있니? 학교에서 배웠을 거 같은데.

저 알아요! 닐 암스트롱이죠!

역시 잘 알고 있구나. 옛날 사람들은 아마 사람이 달에까지 갈 줄은 꿈에도 생각지 못했을 거야. 하지만 20세기에 들어서 인류는 과학의 힘으로 마침내 달에 발을 내딛었지. 그 사람이 바로 미국의 아폴로 11호 선장인 닐 암스트롱과 버즈 올드린이라는 달 착륙선 조종사란다. 할아버지가 아주 젊었던 1969년에 인류 최초로 지구가 아닌 다른 천체에 발자국을 남겼지.

그 사람들은 고요의 바다란 곳에 내렸어. 당시에 세계적으로 엄청 관심이 쏟아져서, 수많은 사람들이 TV로 지켜보고 있었지. 암스트롱이 먼저 내렸는데, 달에 발자국을 찍는 순간, TV로 보고 있는 지구인을 향해 이런 멋진 말을 던졌단다.

"이것은 한 사람에게는 작은 한 걸음이지만 인류 전체에게는 위대한 도약입니다."

곧 뒤따라 뒤에 내린 올드린도 처음 본 달의 모습을 '장엄하고 황량한 풍경'이라고 표현했어. 두 사람이 걸어 본 달 세계는 침묵의 세상이었어. 공기가 없어 아무 소리도 들리지 않으니까.

아폴로 11호의 달 착륙. 지진계를 설치하는 버즈 올드린(사진: NASA).

달에 발자국을 남긴 암스트롱의 모습

토끼는요? 떡방아를 찧는 토끼가 있었을 텐데….

 아쉽게도 그때는 계수나무도 토끼도 찾지를 못했단다.

 요즘 달에 토끼가 있다고 믿는 애들은 없어요.

 아니거든! 아직 못 찾은 것일 거야. 그렇죠, 할아버지?

 그럴 수도 있지. 토끼가 아니더라도 달에서 우리가 발견하지 못한 생물들이 있을 수도 있고 말이야. 토끼는 못 찾았지만, 아폴로 우주인들이 달에서 본 가장 대단한 장관은 바로 지구였단다. 옆의 사진을 보렴.

달의 지평선 위로 떠 있는 지구의 모습이란다. 정말 멋지지?

 우와, 진짜 예쁘다. 푸른 보석 같아요.

 <mark>달에서 지구를 보면 크기는 보름달의 4배, 밝기는 16배</mark> 정도 돼. 황량한 달의 지평선 위로 떠 있는 지구의 모습이 얼마나 환상적인지 몰라. 푸른 파도가 넘실거리는 초록별, 아마도 우주에서 가장 아름다운 풍경일 거야.

달로 얼른 여행을 가서 지구를 보고 싶어요. 얼마나 아름다울까요!

암스트롱과 올드린은 약 2시간 반 동안 달 표면에 지진계와 레이저 반사경 등 과학 장비를 설치한 후, 연구용으로 달 암석과 토양 샘플도 채집했어. 달에서 벌어지는 이런 광경들

달의 지평선 위로 떠 있는 지구. 2015년 달 정찰궤도선(LRO)이 찍은 것으로, 아프리카 대륙과 남미 대륙이 보인다(사진: NASA).

은 다 TV로 생중계되어 지구에서 5억 명이 숨을 죽이고 지켜보았단다.

 그럼 그 뒤로도 사람이 달에 갔나요?

달에 우주 기지를 만드는 대규모 계획

1972년 아폴로 17호가 달에 간 것이 마지막이었어. 그 후 50년 동안 달에는 인적이 뚝 끊겼어. 어떤 나라에서도 달에 사람을 보내지 않았거든.

그럼 우주 과학자들이 아예 달에 관심을 안 가지는 건가요? 우리는 이렇게 달에 관심이 많은데.

물론 아니지. 다시 달에 우주 기지를 만들 계획이 세워지고 있단다. 이른바 아르테미스 달 탐사 계획이지. 달은 인류가 현재 개발한 기술로 오갈 수 있는 거리에 있는데다, 적은 연료로 발사체를 다른 행성으로 보낼 수 있어. 달의 중력이 지구의 6분의 1밖에 안 되거든.

이 계획에는 미국항공우주국(NASA)과 유럽우주국, 호주, 우리나라 등이 참여하고 있는데, 이름은 그리스 신화에 등장하는 아폴로의 쌍둥이 누이이자 달의 여신인 아르테미스의 이름에서 따왔단다.

아르테미스 계획 상상도(사진: NASA).

🧒 그럼 달에 사람이 다시 언제 가요?

👴 일단 무인 우주선을 보낸 다음, 2024년까지 우주인을 달에 보내고, 2028년까지는 달에 유인 기지를 건설할 예정이지. 달에 우주 기지가 만들어진다면 정말 신나는 일이 많이 생길 거야. 이번 계획은 달을 넘어 화성으로 가는 길까지 계획하고 있단다.

🧒 할아버지, 화성에서도 사람이 살 수 있나요? 선생님이 그랬는데 지구가 살기 힘들어지면 우리는 화성에 가서 살아야 할 수 있다고 했어요.

화성이 우주선으로 붐비고 있다!

🧑‍🦳 요즘 화성의 인기가 부쩍 높아지고 있더구나. 근래 들어 지구의 우주선들이 화성으로 정말 많이 날아갔어.

👦 지난번에는 탐사선이 화성에 내리는 영상을 봤었는데, 외계인은 발견하지 못했다지만 신기했어요.

🧑‍🦳 영화 중에는 화성에서 날아온 외계인이 침공하는 영화도 있지. 그만큼 화성은 지구에서 가장 많이 관심을 가지는 행성이기도 하단다. 미국의 화성 탐사선 '퍼서비어런스'가 화성의 표면에 착륙할 때는 수많은 사람들이 손에 땀을 쥐며 TV 화면을 지켜보았지. 우주선을 화성에 착륙시키는 것이 엄청나게 어려운 일이거든. 이제껏 성공 확률이 50%도 안 된단다.

지금까지 화성 표면에 내려앉은 탐사 로봇만 하더라도 10여 기가 훨씬 넘어. 화성 하늘에도 여러 대의 궤도선이 돌고 있고. 화성이 얼마나 인기 있는 행성인지 잘 알 수 있지.

👧 왜 화성이 그렇게 인기가 있는 거예요? 사람이 살 수 있

어서 그래요?

🧑 맞아. <mark>태양계 내에서 인류가 개척할 수 있는 천체로 화성이 가장 적당하기 때문이지.</mark> 지구처럼 바위형 행성인 화성은 바로 이웃 행성인데다 자전축 기울기가 25.2도로 지구와 비슷해 지구처럼 사계절이 있단다. 지구의 기울기가 몇 도라고 했지?

🧑 지구는 23.5도! 정말 비슷해요.

🧑 화성의 하루 길이도 비슷해. 지구보다 약간 길어서 24시간 40분이야. 이처럼 화성은 여러모로 지구와 많이 닮았어. 그래서 그렇게 화성에 탐사선과 로봇을 보내는 거란다. 화성 탐사 로봇이 내린 곳은 다 물과 관계있는 지역인데, 화성의 생명체 흔적을 찾기 위해서지.

🧑 그럼 화성에도 생물이 있을까요? 우리 인간이랑 닮은 생물이 있었으면 좋겠어요. 그럼 친구로 지내기에도 좋잖아요.

🧑 샛별이는 벌써 새로운 친구 생각에 들뜨는구나. 하지만 아직까지는 생물 자체가 있을지는 알 수 없어. 최저 온도가 섭씨 영하 140도이고, 최고 온도는 영상 20도쯤 되기 때문이야. 사실 화성 탐사의 최대 목표가 화성 생명체 찾기란다. 만약 화성에 생명체가 살고 있거나 살았던 흔적을 발견한다면 엄청난 뉴스가 될 거야. 우주 탐사 역사상 최대 뉴스가 될 게 틀

림없어. 지구 바깥에서 최초로 생명체를 발견한 것이 되니까.

말이 통하는 외계인을 발견해서, 외계인 우주선을 타고 우주 여행을 하는 날이 왔으면 좋겠어요!

대한민국이 만든 자랑스러운 달 궤도선 '다누리', 달을 향해 날아오르다!

2년 전인 2022년 8월, 아주 기쁜 소식이 있었단다. 우리나라 최초의 달 궤도 탐사선인 다누리호가 달 궤도 진입에 성공한 거지. ==우리나라는 이 덕분에 세계에서 7번째 달 탐사국이 되었거든.==

우리나라도 달 탐사국이었구나, 대단해요! 다누리호는 무얼 하러 우주로 간 거예요?

우리 다누리호도 아르테미스 계획에 한몫 거들고 있단다. 달 궤도를 돌면서 카메라로 달 표면을 자세히 촬영해 아르테미스의 달 착륙선이 내릴 자리를 찾는 거지.

달의 극지방에는 얼어붙은 물이 있다고 하는데, 이걸 찾는 것도 다누리의 임무야. 이 물을 분해하면 산소와 수소를 얻을 수 있단다.

큰 임무를 안고 올라갔네요. 자랑스러워요.

달을 탐사하는 다누리 달 궤도선 상상도(출처: 한국항공우주연구원).

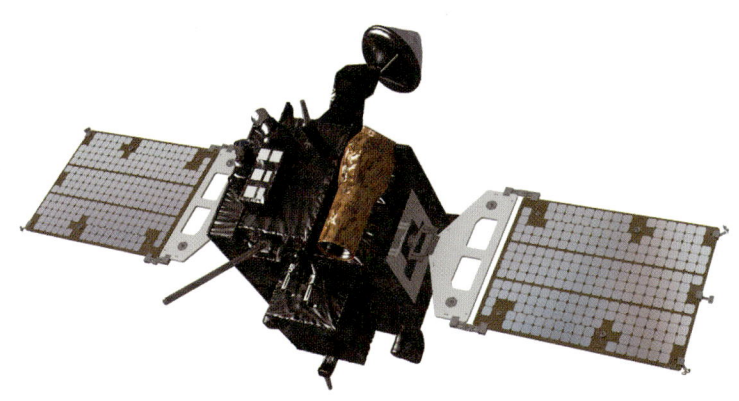

다누리호의 모습(출처: 한국항공우주연구원).

할아버지도 다누리가 앞으로 할 역할이 흥미진진하단다. 다누리의 임무에는 달의 중요한 자원을 탐사하는 것도 포함되어 있지. 달에 쌓여 있는 헬륨-3라는 자원은 핵 발전에 아주 요긴하게 쓸 수 있거든. 이건 골치 아픈 핵폐기물도 내지 않는단다. 미래의 청정 에너지원이이지.

그뿐이 아니야. 우리에게 아직 힘센 로켓이 없어서 다누리는 미국의 로켓에 태워 보냈지만, 2031년에는 우리 로켓으로 달 착륙선을 직접 보낸다는 계획을 세우고 있단다. 다누리는 달 상공을 도는 궤도선이지만, 달 착륙선은 직접 달 표면에 내리게 되지.

그때 저도 달 착륙선을 만드는 데 참여하고 싶어요!

저는 오빠 옆에서 응원할래요!

허허 꼭 그러자꾸나. 우주는 누구에게나 열려 있단다. 큰별이 샛별이가 친구들과 함께 우리나라를 우주 선진국으로 만들어서 꼭 우주여행을 가자꾸나. 이 할아버지도 데려다줄 거지?

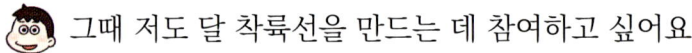그럼요! 할아버지 덕분에 우주를 이렇게 재미있게 배운 걸요!

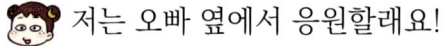다누리는 많은 양의 사진을 찍어서 보내고 있는데, 얼마 전에 달의 크레이터 사진들을 보내왔단다. 그런데 너무나 선명

한 사진들이라서 과학자들이 깜짝 놀랐다는구나. 크레이터 안의 산봉우리도 뚜렷이 나타난 사진인데, 할아버지도 봤지만 정말 아름다운 풍경이었어.

 역시 우리나라는 최고의 과학 강국이에요!

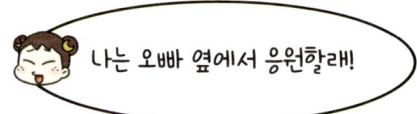
나는 오빠 옆에서 응원할래!

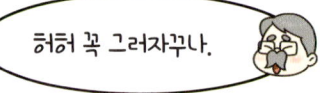
허허 꼭 그러자꾸나.

한 걸음 더 나아가기

화성에 지구인이 사는 도시를 만든다!

지금의 화성은 모래먼지가 날리는 건조한 행성이지만, 45억 년 전에는 지구 대서양의 절반 정도 양으로 화성 지표를 약 100~1,500m 깊이로 뒤덮은 바다가 존재했었다고 믿고 있어요. 화성 바다의 물은 거의 우주로 증발했지만, 아직도 화성 지각 아래에는 많은 물이 있을 것으로 보고 있죠.

물이 있는 지구상의 거의 모든 곳에 생명체가 존재하듯이 화성의 바다는 한때 생명체의 고향이었으며, 그중 일부는 여전히 살아 있을 가능성이 있다고 해요. 과연 화성에 생명체가 존재했거나 존재하고 있을까요? 이것이 화성 탐사에서 해결하려는 가장 큰 숙제랍니다.

이렇게 화성에 대한 인류의 관심은 갈수록 뜨거워지고 있으며, 우주 개발업체 스페이스X사를 이끄는 일론 머스크 같은 CEO는 "인간을 다행성 종족으로 만들겠다."라고 선언하고, 2024년까지 화성에 지구인 정착촌을 세운다는 당찬 야심을 공표했답니다. 이 회사는 최근 야심차

게 발표했던 우주여행선 '스타십'(Starship)의 시제기를 2025년 안에 발사대에 올릴 계획이에요.

NASA 역시 2035년까지 화성에 사람을 보낼 계획으로 2030년쯤에 본격적인 화성 탐사를 시작할 예정이랍니다. 머지않아 화성과 지구 행성을 오가는 우주선 행렬들을 보게 될지도 모르겠네요.

스웨덴의 개념화가 빌 에릭슨이 화성이 인류에 의해 개척되어 정착촌이 들어선 모습을 묘사했어요(그림: Ville Ericsson, 데일리메일).